你的心

也要點一盞「光明燈」

世俗價值綑綁、名利欲望追逐、嗔怒怨恨滿懷……
不用真的出家修佛，一本書就能帶給你平靜生活！

秦搏 編著

人的一生最終能留下的是什麼？又能夠帶走什麼？
正如佛家所言：「一切有為法，如夢幻泡影，如露亦如電」，
撤去所有外在物質、財富，只有一顆安定的心靈才是最珍貴的！

找回迷失的本真、發現生命的價值
本書以貼近人心的智慧小語，給予心靈最有溫度的禪式生活！

目錄

頓悟本心，返璞歸真

「一切有為法，如夢幻泡影，如露亦如電，應作如是觀。」

—— 《金剛經》

佛典之中，有這樣一則寓言：

人的一生伴隨著四個朋友：第一個朋友是你願意為他付出的，對他言聽計從；第二個朋友，他氣宇軒昂、儀表堂堂，你很重視他，歷經很多努力要和他建立關係，並喜歡帶著他處處炫耀；第三個朋友，他可以給你很多幫助，你對他也很滿意，但對他的態度卻較為平淡；至於第四個朋友，是一個被你忽略的朋友，你很少注意到他的存在。

有一天，你要去遠行，希望其中一個朋友能伴你同去。

你先找到第一個朋友，第一個朋友說：「我們只能共歡樂，不能共患難，我沒有陪你出遠門的義務。」

你很是傷心，又去找第二個朋友，第二個朋友說：「我知道你對我很好，但是我也知道普天之下所有的人都對我很好，所以我是不會陪你前去的。」

你不得不去問第三個朋友，第三個朋友說：「我可以送你走一段路，但送到門外後，我就要返轉身來，因為有很多的事情等著我去處理。」

在你失望之極時，終於想到了第四個朋友。出乎意料的是，第四個朋友什麼話也沒說，就陪你一起上路了。

佛家認為，第一個朋友，是衣食之友，是我們的肉體；第二個朋友，是名利之友，是我們的財富、金錢、地位；第三個朋友，是親屬之友，是

我們的親人、同事、夥伴；第四個朋友，是心靈之友，是我們的心靈、感受；至於遠行的目的地，不是別處，就是死亡國度。

有朝一日，我們要離開這個世界的時候，到底能從這個世界上帶走什麼東西？──沒有別的，僅自己的心靈而已。

人生旅途，漫漫長路，紛繁塵世，卻如夢，如幻，如泡，如影，如露，如電，終究一切成空。既然如此，又何必尋尋覓覓、忙忙碌碌、苦苦執迷於其中？倒不如放慢匆遽的腳步，「應作如是觀」，細享千秋甘雨露，靜聽萬古海潮音，讓心靈變得充盈，讓生活變得從容而淡定。

這樣，即使要走，你的生命也是富有的。

點一盞心燈

「予人玫瑰，手有餘香。」

—— 印度諺語

漆黑的夜晚，偏僻的村落，沒有月光，也沒有路燈，村民們習慣了在這樣的黑暗中穿梭，儘管伴隨著磕磕絆絆，但村民們似乎都習以為常。

一位旅人路過這個村落時正值晚上，由於太黑，他幾次撞上了來往的行人。

「盲人來了，盲人來了。」突然聽到村民們都陸陸續續地談論著。這個旅人好奇地往前張望，只見前方不遠處出現了一團昏黃的燈火，他問身旁的一位村民：「你們說的盲人是前面那個提著燈籠的人嗎？」

「對啊，不就是那個常常拿著燈籠的盲人嘛……」旅人聽完，心中更是疑惑，「盲人的世界裡本來就是漆黑一片，就算提燈，他自己也看不到光亮啊，他這是為何呢？」

那燈籠離旅人越來越近，昏黃的燈光漸漸移到了旅人的鞋上。百思不得其解的旅人看著眼前這位提著燈籠、眼睛望向遠處的人，問道：「冒昧問一問，請問您真是一位盲人嗎？」

「是的，自從踏進這個世界，我就雙目失明。」

「既然你什麼也看不見，那你為何提一盞燈籠呢？」

盲人自若答道：「因為現在是黑夜，我聽說這個村子沒有路燈，到了晚上這裡特別黑。黑夜裡沒有燈光的映照，那麼滿世界的人都和我一樣是盲人，所以我就點亮了一盞燈籠。」

旅人若有所悟地說：「原來你提燈是為了為別人照明！」

「不，我是為了自己。」盲人聽了，立即否認。

「為你自己？」旅人又被弄糊塗了。

盲人緩緩向旅人說：「你是否因為夜色漆黑而被其他行人碰撞過？」

「是的，就在剛才，因為什麼也看不見撞了別人，也被別人撞了。」旅人答道。

盲人聽完，深沉地說：「但我就沒有。雖說我是盲人，什麼也看不見，但我提著這盞燈籠行走，別人就能看到我，而不會撞過來。」

盲人點燈，他眼裡的世界雖依然黑暗，但心卻是明亮的。

「予人玫瑰，手有餘香」，布施別人，自己也從中受益。我們在為自己無私地幫助別人而引以為傲之時，是否想過其實這是在幫助自己？

很多時候，我們的心依然是被人性的自私所占據，正如那些在黑暗中跌跌撞撞而不願點起一盞燈的人們，總以為自己點燈是為別人，總覺得自己點燈便吃虧，於是寧願讓自己明亮的眼睛去習慣黑暗，寧願讓自己的心在黑暗中迷失。

試著去點一盞燈，你會發現，照亮別人之前，你已經照亮了自己。

勿失本真

「心體瑩然，本來不失，即無寸功隻字，亦自有堂堂正正做人處。」

—— 《菜根譚》

明朝劉元卿的《應諧錄》裡記載了一則題為〈鼠貓〉的寓言。名字看起來實在有趣，〈鼠貓〉，究竟說的是鼠還是貓呢？

故事大意如此：

曾有一名叫齊奄的人，十分看重自己所養的一隻貓，逢人便誇耀說：「此貓名叫『虎貓』。」

一個路人看見了這隻「虎貓」，就為他出主意：「老虎雖然凶猛，但絕沒有龍的神奇靈性，不如你把牠更名為『龍貓』，則更顯氣勢。」

接著，又一路人聽後，更進一步進言說：「龍，是比老虎神奇，但龍要飛騰上天，必須依靠浮雲襯托，可見雲要比龍更高一等，因此，還是改名為『雲貓』為好。」

站在一旁的另一個人卻不以為然，說道：「雲霧雖能遮天蔽日，但只要風一刮來，雲霧很快就被吹散了。看來是風比雲厲害，你的貓，還是叫『風貓』為好。」

話才說完，又有人不以為然，批駁道：「大風雖能猛烈地刮，但只要用牆來做屏障，就足以阻擋狂風暴風了。風怎能與牆相提並論呢？可見，這個貓還是叫『牆貓』才合適呢。」

最後來了一位說客，則另有一說：「各位所說的都有一定道理。依我看來，牆雖然堅固，但只要老鼠在牆上打洞，這牆就會傾塌下來。可見，

牆又怎麼比得上老鼠厲害？如此看來，此貓還是得改名，我以為，叫『鼠貓』最好。」

他們這番喋喋不休的爭論傳出後，一位飽經滄桑的老人就嗤笑道：「貓本來就是捕鼠的，貓就是貓。為什麼要亂為牠取名安號來形容，使牠失去貓的本來面目呢？」

老者所言甚是。貓就是貓，為何貪圖名號虛榮而使其喪失本性呢？

其實貓不在乎叫什麼名字。故弄玄虛地強加上一些稱號，反而使其失去本真。是的，貓既如此，那人呢？

人們大多在乎自己的名聲，喜歡世人的稱頌，享受這種虛名的榮耀。可但凡有真才實學的人，不但羞於被別人戴高帽子，也恥於自我加冕，越是名副其實，他們就越是低調，因為他們知道，榮耀的光環容易讓自己迷失，為了不至於「金玉其外，敗絮其中」以致喪失本真，他們更願意踏踏實實做人，兢兢業業做事。

求諸內心

「佛在靈山莫遠求，靈山只在汝心頭，人人有座靈山塔，好在靈山塔下
修。」

—— 佛家偈語

唐朝時期，一位叫大珠慧海的禪師，不遠千里、風塵僕僕地去追尋著
名的馬祖大師，渴望能夠得到他的點化。

馬祖大師見到這個虔誠的求學者，卻說：「我這裡什麼都沒有，你為
何要撇下自家寶藏不顧，如此辛苦地在外面奔走流浪呢？」

慧海聽了，急忙追問：「啊？我有自家寶藏？請師父告訴我，此物究
竟為何物？」

馬祖大師便耐心講解：「這個自家寶藏，就是驅使你千里迢迢到來之
物。究竟是何物讓你來問我問題？是何物讓你聆聽於我？此物就是你的自
家寶藏，就是你的本心本性。」

慧海聽後，若有所思。馬祖大師繼續說道：「在你生命之初就已經具
備這個寶藏，你吃飯睡覺、行住坐臥、語默動靜，都是它在影響著你。運
用起來自由自在，你哪裡還用得著向外面去苦苦尋找呢？」

慧海禪師聽了，如當頭棒喝，豁然開朗，感覺自己從未有過的通透
澄澈。

本心本性，與生俱來，就如佛一直坐在每個人心頭一般，要修行，又
何須在外遠尋？求諸內心，處處皆可修。

挖掘自己的寶藏

「無聲無臭獨知時，此是乾坤萬有基。拋卻自家無盡藏，沿門持缽效貧兒。」

—— 王守仁

每個人都有自家寶藏，可人們卻常常迷失自己，拋棄自家用之不盡、取之不竭的寶藏，像乞丐一樣到處乞討。

在印度，有這樣一個故事：

一個農夫，擁有一塊寬闊肥沃的土地。起初，農夫很知足，悠然的日子讓他覺得自己很富有。然而，有一天，一個朋友前來拜訪這位農夫，告訴他，這世上有一種礦石，叫鑽石礦，如果能找到鑽石礦，哪怕很小的一顆，都足以讓自己一生衣食無憂。

農夫聽了這番話，內心騷動起來，他不再覺得自己富有，整個晚上，他都在想：「我現在只能守著一塊地，實在太可憐了，我要擁有鑽石礦！」

不久，農夫賣掉了土地，出發到外地去尋找鑽石。

農夫辛苦地奔走於各地，在遙遠的異國他鄉，他尋找了很長很長的時間，身上的錢財已全部花光，卻始終沒有找到什麼鑽石礦。最終，農夫因無法忍受自己忙忙碌碌卻換來一場空的下場而自盡。

然而，造物弄人。就在農夫賣出的那塊肥沃土地上，新主人在一次散步時意外地發現了晶光閃閃的鑽石，隨後，接二連三，價值連城的鑽石都被挖掘於這塊曾被主人遺棄的土地。

農夫怎麼也不會想到，自己遺棄的土地，竟然價值連城。

農夫之可憐，在於迷失。迷失，不也常常發生在我們身上嗎？本來擁

有的就是無限寶藏，本來生活就過得殷實富有，卻因外在的誘惑起心動念，迷失自我，無法安享自己所擁有的富足，而放棄所有，四處盲目追求，終究一切成空。

　　守住自己的一方寸土，心無旁騖地去挖掘，總會找到寶藏。

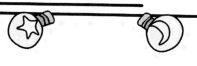

一念天堂，一念地獄

「人人有個大慈悲，維摩屠劊無二心也；處處有種真趣味，金屋茅簷非兩地也。只是欲閉情封，當面錯過，便咫尺千里矣。」

—— 《菜根譚》

人人都有一顆大慈大悲之心，維摩居士和屠夫、劊子手之間並沒有什麼不同；人間處處都有一種真正的情趣，金宅玉宇和草寮茅屋之間也沒有什麼兩樣。差別只是，人心往往被欲念和私情所蒙蔽，以至於錯過了慈悲心與真情趣，一念之差，失之千里。

一天，一個名叫信重的武士因仰慕白隱禪師之名，而前往白隱禪師住所向其請教。

信重見到白隱禪師就問：「禪師，這世界真有地獄和天堂嗎？」

「你是做什麼的？」白隱禪師沒有回答，卻反問道。

「我是一名武士啊。」信重答。

「武士？你是一名武士？」白隱禪師不屑一顧地大聲說，「哪家主人會那麼愚蠢，竟要你這樣的人作他的保鏢，看你的那張臉簡直就像一個討飯的乞丐！哦，還佩著一把寶劍呢，你怎麼配得上呀！」

「你說什麼！」把名譽看得比生命還重要的信重受到這般嘲諷，頓時熱血上湧，怒不可遏。

白隱禪師火上澆油：「對了，寶劍在你身上也變成鈍劍了，看你那把劍，肯定是鈍得連我的腦袋都砍不下的。」

信重聽完更是勃然大怒，「哐」地一聲抽出了寒光閃閃的利劍，對準了白隱禪師的胸膛。

而性命已在劍下的白隱禪師卻毫不恐懼，反而安然自若地注視著信重武士，說道：「你看，地獄之門由此打開……」

　　白隱禪師的這句話一針見血，信重一愣之後，恢復了理智，覺察到自己的冒失無禮，連忙收起寶劍，向白隱鞠躬道歉。

　　白隱禪師見狀，臉上露出微笑，閉目凝神，緩緩地對信重說：「天堂之門由此敞開……」

　　佛家言，一念光明就是佛，一念黑暗就是鬼。你念念光明就時時都是佛，你念念黑暗就時時都是鬼。所以佛與鬼的分別，就在這一念之間，一念佛，一念鬼；一念天堂，一念地獄，所以這一念之間最要緊。凡與佛在於一念之間，天堂與地獄也在一念之間。是因行善而升入天堂還是因作惡墮進地獄，就看那一念間，你想的是什麼。

　　一念，即是關鍵。一個懶惰之念、一個嫉妒之念、一個憤怒之念、一個貪婪之念、一個邪惡之念……都能讓人失去理智，犯下彌天大錯以致後悔終生；而一個誠實之念、一個友好之念、一個寬容之念、一個善良之念……卻能讓人從種種窘境中解脫，得到意外收穫，受益無窮。

心存善念

「君子莫大乎與人為善。」

—— 孟子

　　一個和尚在返寺途中，突遇暴雨。所幸不遠處有一座莊園，和尚加快腳步跑到莊園大門的屋簷下避雨。

　　此時已近黃昏，眼看著天色逐漸變黑，大雨依然以滂沱之勢下個不停。「看樣子，雨是沒那麼快停下來的，怎麼辦呢？」和尚心裡正焦急地想辦法，「看來只能在這個莊園借住一宿了……」

　　於是和尚轉身拍了拍莊園大門，守門的僕人打開門，見是個和尚敲門，問明來意後便冷冷地說：「我家老爺向來和僧道無緣，你還是另作打算吧！」

　　「雨這麼大，附近又沒有別的人家，您看，天色已黑，就請您行個方便吧。」和尚真誠地懇求道。

　　「我不能擅作主張。這樣吧，你等我進去問問老爺的意思，再給你答覆。」僕人說完，關上門，入院請示。

　　不一會兒，門開了，僕人無奈地向和尚搖搖頭說道：「我家主人不肯答應，你還是另尋他處吧。」

　　和尚沒辦法，只好向僕人請求在屋簷下暫歇一晚。「對不起，我家主人連這也不允許，你還是請回吧。」僕人不得不按主人意思，執意趕走了和尚。

　　和尚無奈，便向僕人問明了莊園主人名號，然後冒著大雨，狼狽地奔

回了寺廟。

　　三年後，莊園老爺娶了個年輕貌美的妻子，對其寵愛有加。一天，妻子想到廟裡上香祈福，老爺便陪同前去。到了寺廟，這位老爺忽然瞥見自己的名字被寫在一塊顯眼的長生祿位牌上，心中納悶，找到一個正在打掃的小和尚，向他打聽這是怎麼回事。

　　小和尚笑了笑說：「這是我們住持三年前寫的，聽說是因為，有一天他淋著大雨回來，說有位施主和他沒有善緣，所以為他寫了一塊長生祿位。住持天天誦經，積功德給他，希望能和那位施主解冤結、添些善緣，至於詳情，我們也都不是很清楚⋯⋯」

　　莊園老爺聽了這番話，當下了然，心中既慚愧又不安。後來，他便成了這座寺廟虔誠供養的功德主，香火終年不絕。

　　人生何處不相逢，時時心存善念，積善成德；常常懷一顆菩提心腸，善待他人，如此，人生才能如沐春風，左右逢源。

是天生，還是心生

「心生則種種法生，心滅則種種法滅。」

—— 佛家偈語

日本的盤圭禪師說法淺顯易懂，常常讓人深受啟發。

一天，一位信徒請示盤圭禪師說：「大師，我天生有個毛病，脾氣暴躁，很難控制自己的情緒，實在不知如何改正？」

「哦？這毛病是怎麼一個『天生』法？你把它拿出來給我看，我幫你改掉。」盤圭禪師微笑說道。

「不不不！現在還沒有，只有碰上事情的時候，那天生的性急暴躁，才會跑出來。」信徒解釋說。

盤圭禪師聽完，呵呵笑道：「依你所說，如果這毛病平時沒有，那就不是天生，而是因境而生，是在你與別人爭執之時，自己為自己製造的氣急暴躁啊。既然是自己製造的毛病，你卻把它說成是天生，豈不是將過錯推給父母，實在是太不公平了。」說完，又一陣哈哈大笑。

信徒聽完，慚愧地笑了。

暴躁脾氣並非天生，而是自己心生，若能控制自己的內心，情緒又從何而來呢？

而「天生」，似乎習慣了被人們不公平地引為藉口：「我天生暴躁」、「我天生自卑」、「我天生多疑」、「我天生冷漠」、「我天生倔強」、「我天生虛榮」、「我天生愚鈍」……諸如此類，似乎就可成為冠冕堂皇的理由，一句「沒辦法，天生如此」便可無視別人的指責與規勸，任其惡習堂而皇之

延續。可是，這所謂「天生」的習性中，哪一個是真正的「天生」？哪一個不是自己心生？

佛家常說，「起心動念是天魔」。當我們的內心生出暴躁、自卑、多疑、冷漠、虛榮、怨恨……等等惡念之時，我們就應該用自己的心將其扼制；當這些惡念演變成惡習讓我們不由自主時，一旦幸而得到別人勸誡，我們則該勇敢面對，不再逃避。

記住，下一次要對別人說出「我天生如此」之前，先問問自己：

「是天生，還是心生？」

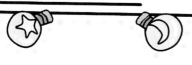

自助者，天助之

「求人不如求己，因為佛菩薩只保佑那些肯幫助自己的人。」

—— 作者題記

　　在寺廟，常常看到虔誠的教徒。人們誦經膜拜，因為信仰。信仰，往往能給人一股心靈的力量，成為人們精神的支撐。驚恐不安時，相信會有神靈庇佑；困難險阻時，亦相信能得到神靈幫助……然而，普度眾生的神靈，他們的力量又來自何方？

　　一次，佛印禪師與蘇東坡到郊外散步。途中，他們看到一座馬頭觀音的石像，佛印立即合掌禮拜觀音。

　　禮拜完畢，東坡不解地向佛印禪師問道：「觀音是受眾生禮拜的對象，眾生因有事相求而合掌禮拜觀音，然而觀音為何也手掛著念珠而合掌念佛，觀音到底在念誰、求誰呢？」

　　佛印禪師卻說：「這要問你自己。」

　　蘇東坡還是不明白：「我怎知觀音手持念珠念誰，眾生有事都來求觀音，而觀音有事還能去求誰呢？」

　　「求人不如求己。」佛印禪師在一旁答道。

　　「求己」，再簡單不過的真理。禪者禮佛，是為了學習佛的光明智慧以創造幸福人生，而非將命運完全寄託於佛、迷信甚至是依賴佛。

　　佛家常言，「真正的佛是人的自性」。佛之所以成佛，是因為他們懂得救人、自救；他們那普度眾生的力量不是來自別處，而正是源於他們的內心。

塵世中的人們若能從佛中覺悟，為自己的內心點亮一盞明燈，驅趕走團團黑暗，從自己的內心去尋找一片光明，尋找一份力量，自信、勇敢地救人救己，也可立地成佛。

人生呼吸間

「人生幾何？ —— 人生呼吸間。」

—— 佛陀

關於人生，孔子曰「逝者如斯夫，不舍晝夜」；莊子言「人生天地之間，若白駒過隙，忽然而已」；曹操吟詩「對酒當歌，人生幾何？譬如朝露，去日苦多」；蘇軾感慨「羨長江之無窮，哀吾生之須臾」……時光易逝，古往今來，人們無法不去感慨人生，思考「人生幾何」？

佛祖釋迦牟尼問其弟子：「人生幾何？」

一弟子不假思索便脫口而出：「幾十年吧。」

釋迦牟尼搖了搖頭。

另一弟子思考片刻，輕聲答道：「真正稱得上人生的只有幾年吧。」

釋迦牟尼又搖了搖頭。

兩位弟子疑惑了，齊聲問道：「依您所見呢？」

「人生只在呼吸之間。」釋迦牟尼感慨而言。

人生呼吸間，這一呼、一吸就是人生？

非要為人生設一個長度，也許我們都會如第一個弟子那樣認為，「幾十年」吧。幾十年，畢竟是常態，從而立之年到古稀甚至耄耋之年，都在「幾十年」的範圍之內，就算不同人有不同的想法和要求，應該也不會脫離這個範圍。

然而，人生能夠任其所願而設定嗎？這一次呼吸過後，就是下一次呼吸，下一次呼吸結束，又開始一次新的呼吸……每一次呼吸都是獨一無

二、珍貴無比的，沒人知道這一次呼吸之後，還有多少呼吸可以持續，只知道人生又少了一次呼吸 —— 而就在這思考的瞬間，又不知有多少次呼吸在消逝……

　　是的，人生就存在於這短暫的一呼一吸之間。讓我們深深地呼吸一次吧，靜靜地去感受這吐故納新、時時更替的鮮活人生！

放下

「皮膚脫落盡，唯有一真實。」

——《涅槃經》

樹的死皮枯葉褪掉了，那個堅朗如鐵的枝幹才會顯現出來。

有一位名叫黑指的婆羅門來到佛陀前，運用神通，兩手拿了兩個花瓶，前來獻佛。

佛陀對黑指婆羅門說：「放下！」

婆羅門把他左手拿的那個花瓶放下了。

佛陀又說：「放下！」

婆羅門又把他右手拿的那個花瓶放下了。

然而，佛陀還是對他說：「放下！」

這時，黑指婆羅門有些不解了，向佛陀問道：「我現在已經兩手空空了，沒有什麼可再放下了，請問現在你要我放下什麼？」

佛陀說：「我沒有叫你放下你的花瓶，我要你放下的是你的六根、六塵和六識。當你把這些統統放下，再沒有什麼了，你也就從生死桎梏中解脫出來了。」

佛陀說的「放下」，是放下六根、六塵和六識。那麼，何謂「六根」、「六塵」、「六識」呢？

「六根」，即眼、耳、鼻、舌、身、意。「根」，有能生發之義，如草木有根，能生枝幹，識依根而生，有六根則能生六識。

「六塵」，指色、聲、香、味、觸、法，即眼所見、耳所聞、鼻所嗅、

舌所嘗、身所感、意所知。「塵」有染汙之義，能染汙性情意識。

至於「六識」，則是眼識，耳識，鼻識，舌識，身識，意識也。

因為六根受六塵之染而生六識，如此，人就容易執著於世間的形形色色，執著於對物質的追求，然而「色即是空」，塵世間的種種浮華、紛繁其實不過是泡影，只有泡影滅去，才會顯現真實。

誠如《涅槃經》所言，「皮膚脫落盡，唯有一真實」，人生亦如此，只有不再痴迷於執著，拋卻紛亂與浮華的人，才能活出智慧和輕鬆。

不完美中的完美

「水至清則無魚，人至察則無徒。」

—— 《漢書・東方朔傳》

一位大師想在自己的兩個徒弟中選擇一個作為自己的衣缽傳人，於是他吩咐徒弟們外出撿拾一片最完美的樹葉。

不久，大徒弟回來了，只見他遞給大師一片不是很漂亮，也沒有什麼特別之處的樹葉。

大師接過樹葉，看了一眼，沒說什麼，接著將葉子翻轉至另外一面，只見葉子的邊緣透著絲絲枯黃，於是對大徒弟說道：「這，就是最完美的葉子嗎？」

大徒弟從容回答：「也許在師父眼裡，這片樹葉並不完美，但它卻是我看到的最完美的葉子。」

大師聽完，點點頭，一言不發，靜靜等待小徒弟的歸來。

小徒弟在外面轉了半天，最終空手而回。

「你沒有找到最完美的葉子嗎？」大師向小徒弟問道。

小徒弟沮喪地對師父說：「我找了很多葉子，但每片葉子都或多或少地存在著缺陷，我怎麼也挑不出一片完美的樹葉。」

毫無疑問，這位大師自然把衣缽傳給了大徒弟。

什麼才是「完美」？

一位哲人曾說：「在陽光下，再高大的人也會在地面上留下他的暗影。」金無足赤，人無完人。完美只不過是一種理想化的概念，好與不好

也只是程度的問題而已。哲學上所稱事物的兩面性，決定了缺陷與優點總是相伴而生。沒錯，缺陷就像是個影子，當你面對太陽時，它會背對你；當你背對太陽時，它則會面向你。

其實本不存在絕對的完美，只要用積極的心態去對待每一件事、每一個人，在欣賞其優點的同時包容其不可避免的缺陷，用一顆豁達的心，就能感受到不完美中的完美。

找回自己更重要

「人人皆有佛性，人人皆有本心。只因分別執著，致使流浪紅塵。斷除世俗煩惱，放下執著之心。徹悟本心本性，即見自家光明！」

—— 蒲益禪師

一天，釋尊禪師在寂靜的森林中坐禪。突然，遠方傳來隱約的嘈雜聲，聲音越來越近，在寂靜的樹林中聽得十分清楚，原來是一對男女在林中爭吵。

過了一會，一名女子慌忙地從樹林中跑了過來，她跑得太專注了，從釋尊禪師面前過去，居然沒有發現禪師。

之後又從樹林裡跑出來一名男子，他走到釋尊禪師面前，非常生氣地問道：「你有沒有看見一個女子經過這裡？」

禪師問道：「有什麼事嗎？為什麼你這麼生氣呢？」

男子凶狠地說：「這個女人欺騙了我的感情，還偷了我的錢，我是不會放過她的！」

釋尊禪師問道：「找逃走的女人與找自己，哪一個更重要？」

青年男子沒有想到禪師會這樣問，站在那裡，愣住了。

「找逃走的女人與找自己，哪一個更重要？」釋尊禪師再一次大聲問道。

青年低下頭來，臉上的怒氣早已消失了，重新洋溢著平靜的神色。

人，會因為偶爾的放縱，選錯出口，迷失方向；道德的缺失，欲望的氾濫，在混亂的人生遊戲中，身邊的東西一件一件地失去，最後，連自己也丟失了。

人若學會早點放手，不要逗留，便不至於泥足深陷；就算已經深陷了，也不無辦法，退路就在原地，不該卑微前行。從欲望的無底洞中掙脫，失去的東西總會再來，然而，此時需要找尋的不是其他，而是自己。找回了自己，走出迷途，便可重新擁有陽光的生活。

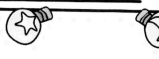

勿忘懷中之寶

「打開無盡藏，運出無價珍。不依倚一物，顯示本來人！」

—— 《圓悟錄》

每個人的生命中都有無窮盡的自家寶藏，只要我們善於尋找和發現，運出自己的無價珍寶來，我們就可以不再依賴於任何外在的財富，而活出一個快樂的、充實的自己。

那麼，這懷中之寶，究竟為何物？

石屋禪師在一次雲遊時，借宿在一個青年男子家裡。

夜半三更，禪師突然醒來，漆黑中，他模模糊糊看到有人躡手躡腳地推開了他的屋門，於是大喝一聲：「誰？」

那人被嚇得「撲通」一聲跪倒在地上。禪師點起了燈，上前揭去蒙在那人臉上的黑布，一看，原來竟是這屋子的主人。

「怎麼會是你？哦，我知道了，原來你留我過夜就是為了偷我的錢財！唉，你也不想想，我一個出家和尚能有多少錢？你如果要幹，就去幹一椿大買賣！」

青年聽了禪師的話，開始時一愣，後來又驚喜說道：「原來你我是同道中人！你要教我幹一椿什麼樣的大買賣啊？」

禪師於是搖頭嘆道：「真是可憐呀！你放著自己終生受用不盡的東西不用，卻來做這樣偷雞摸狗的小買賣。」

「終生受用不盡的東西？它在哪裡？快說，快說！」

禪師突然一把抓住男子的衣襟，厲聲喝道：「它就在你的懷裡面。你

不知道你的懷裡有寶貝，卻要自甘墮落，你枉費了父母給你的身子！」

一語驚醒夢中人。青年恍然大悟，向禪師磕頭致謝。

懷中之寶，你知道是什麼了嗎？

—— 這就是青年的心。

每個人天生都有一顆本真善良的心，這就是人人皆有的寶貝。一顆本真善良的心，能夠指引我們真誠做人，踏實做事，讓我們懂得獲取幸福與快樂，終生受用不盡。可我們卻總是受惑於紛紛擾擾的外界，將自己的寶貝擱置一旁任其塵封，於是，我們越長大，就越不容易快樂，越容易誤入歧途……

只要願意，任何人都可以向自己的心靈深處觀照，找到真我，返璞歸真，讓生命內在充實、吉祥喜悅，顯示我們的本心本性。是的，不妨時常摸一摸自己的心，去感受它的存在、它的跳動，告訴自己：

我有一個珍貴的寶貝，一顆本真善良的心。

呼喚自己

「呼喚自己，尋找自己，別讓自己迷失。」

—— 作者題記

在一座寺院裡，每天一大早，寺院裡的晨鐘還沒有敲響，和尚們就被老方丈的呼喊聲叫醒了。

是的，寺院裡有個老方丈，老方丈每天都會很早起床。晨鐘沒響，老方丈就早早起來，跑到離寺院不遠的一個山坡上大聲叫喊。老方丈每日呼喊並不是在練嗓子，他不斷重複叫的，是他自己的名字。天天如此，老方丈就這樣一直叫了很多年。

寺廟裡的和尚都覺得好奇，但又不敢問，直到有一天，院裡新來了一個小和尚，一連幾天早晨，小和尚都在老方丈的叫喊聲中醒來，醒來之後，小和尚細細一聽，也發現了，老方丈叫來叫去都在叫自己的名字。

小和尚忍不住好奇，便去問老方丈：「您這幾天怎麼一大早都在呼喊自己的名字啊？」

「呵呵，是啊，我就是在喊自己，已經喊了幾十年了……」

「喊了幾十年，這是為何？難道其中有什麼禪機？」小和尚更加好奇了。

老方丈笑笑說：「我在清醒時可以管住自己，但晚上做夢的時候，就在夢中雲遊四海，有時候還差一點回到了出家前的生活中去，根本無法約束自己。醒來之後，當然要呼喚自己了，早早把自己喊回來。不然，就有可能把自己走丟了，再也找不到自己了……」

就連老方丈這樣遠離塵世的修行人，都擔心自己在夢裡迷失，更何況我們凡塵中的人呢？而凡人豈止會在夢裡走失，在現實生活中，不是也常常迷失嗎？

成功時，被光環迷失；失敗時，被恐懼迷失；得意時，被虛榮迷失；失意時，被孤獨迷失；努力追逐時，又易被自己的謊言迷失，被別人的言語迷失……執迷於繁華，容易為物所轉，讓人遺忘了自己的初衷，丟了自己的立場，找不到自己的方向，而喪魂落魄，東飄西蕩。曾幾何時，我們會躲在孤獨黑暗的角落裡自怨自艾，無法感受到自己的存在；曾幾何時，我們在名利權勢的路途越走越遠，給自己戴上層層面具，只剩下一個陌生的自己。

呼喚自己，大聲叫出自己的名字，重複呼喊自己的名字，穿過重重往事，層層亂世，你會看到一個真正屬於自己的「我」，你會感到一種從未有過的明朗和灑脫。

覓一片廣闊的天地

「人生在於追求，生命在於奮鬥，要想獲得發展，就要給自己覓一片廣闊的天地。」

—— 作者題記

相傳，一心大師剛剃度的時候，在法門寺修行。

法門寺是個大寺，歷來香火旺盛。每天晨鐘暮鼓，來這裡燒香還願的男男女女香客絡繹不絕，再加上其他一些來往的僧眾、文士、官吏，每天這裡都熙熙攘攘，這裡不是在萬丈紅塵之外，而是在紅塵之中了。

大師一心想靜下心神，修身養性，提高自己的境界。可是寺裡的法事太多，應酬太滿，每天剩下的讀經時間很少。而且，一心大師發現，雖然自己在青燈古佛下潛心鑽研佛經多年，但談論起來，始終有些不如人。

正當一心煩悶之時，有人就對他勸說道：「法門寺是名滿天下的寶剎，歷來都是藏龍臥虎之地，如今這裡彙聚著眾多名僧，你要想在這些名僧中出人頭地，那實在是太難了。你還不如到一些偏僻的小寺裡專心修行，這樣，說不定還能更快地進步，才華也更容易顯現出來，鶴立雞群呢。」

一心大師想了很久，覺得這話頗有道理，至少現在這樣的日子他已經不想過下去了。

第二天，他終於鼓起勇氣，去辭別師父，打算離開法門寺。

師父聽了一心的話，明白他的意圖，問他：「太陽和燭火，哪個更亮？」

「當然是太陽了」。一心回答。

「那你願意做燭火還是太陽呢？」師父又問。

一心不假思索地回答說：「當然是太陽了。」

師父聽完，微微一笑，說：「跟我到寺後面的林子裡去一趟吧。」

師父帶一心來到離寺廟不遠的一個山頭上，這裡樹木稀少，只長著一些矮矮的灌木和零星的幾棵松樹。

師父指著灌木叢中最高的一棵松樹對一心說：「你看，這是這裡最高的一棵，可它能做什麼？」

一心仔細看了看，發現這棵松樹雖然很高，但樹幹扭曲，亂枝橫生，實在是不能大用，他說：「像這樣的樹，也只能拿來當柴燒而已。」

師父聽完，不發一言，只是帶著一心往前走，來到山上的另一片樹林。這片樹木密密匝匝，每棵松樹都筆直秀麗，林子遮天蔽日。

師父指著眼前的這片林子，問一心：「你看，為什麼眼前的這些樹都直指向天呢？」

「大概是為了能夠獲得更多的陽光吧。」一心想了想，答道。

「芸芸眾生，莫不如此。既然生在一起，就算是一個群體。像這些松樹一樣，為了一滴雨露、一線陽光，都奮力向上，這樣才能棵棵挺拔，而那些遠離群體的松樹，因為沒有了這種努力的需要，因此才會是那副模樣。」師父鄭重說道。

一心聽完，立刻明白師父話裡的含義，他慚愧地說：「法門寺就是我的這片樹林，我再也不會離開這裡了。」

後來，一心在法門這片「樹林」裡，潛心苦修，終於成為一代高僧。

莎士比亞曾說，深沉的大海能產生蛟龍和鯨魚，清淺的小河裡只有一些供鼎俎的美味魚蝦。物競天擇，適者生存。沒有競爭，就沒有生存，更不可能有發展。只有競爭才能激發活力，才能最大限度地發揮潛能。

有一顆勇於接受挑戰、參與競爭的心，就要懂得為自己選擇競爭對手，選擇更適合的競爭環境。不要因為自身的不足就懼怕優秀，逃避競爭

就意味著逃避自己、拒絕成長。天高任鳥飛，海闊憑魚躍，去面對更優秀的人，你才會看到自己需要進步的空間；身處充滿生機與挑戰的環境，你才會更明白自己努力的需要。有了這種需要，才能夠為了一滴雨露、一線陽光，都奮力向上，全力以赴。

善言暖於布帛

「與人善言，暖於布帛；傷人之言，深於矛戟。」

——荀子

據說蘇東坡在黃州時，常常去拜訪佛印禪師。兩人相交甚篤，常常在佛學和文學方面相互切磋。兩個人談到投機時，則絲絲入扣；但當意見相左時，辯論也就展開了：蘇東坡學識豐富，口才又好；佛印禪師更是辯才無礙，佛學智識當然是比蘇東坡更豐富，就連文學造詣，也不比蘇東坡差。所以每次兩個人辯論，總是佛印禪師占上風。蘇東坡心裡自然不是滋味，於是千方百計想讓佛印下不了臺。

有一天，蘇東坡與佛印禪師席地而坐，談論著佛法。閒聊之間，蘇東坡突然披上佛袍，端坐在佛印禪師對面，問道：「禪師，你看我坐在這裡像什麼？像不像是一尊佛？」

禪師回道：「嗯！你很像佛。」

蘇東坡聽了非常高興。

佛印禪師反問他：「大居士，那你看我坐在這裡像什麼？」

蘇東坡突然一想，這下可抓到譏諷你的機會了，於是回道：「嗯……看來看去，我看你像一堆牛糞。」

蘇東坡答後，偷看佛印禪師有什麼表示，只見佛印禪師眼觀鼻、鼻觀心，默然端坐著。這時，蘇東坡感到飄飄然起來！

蘇東坡回家後，很高興地向他妹妹說：「今天我贏了！」

蘇小妹問他贏了什麼，他便把自己與禪師的對答告訴小妹。

沒想到蘇小妹聽完說：「哥哥，你輸了，而且輸得很慘哦！」

蘇東坡問她為什麼。

蘇小妹答說：「哥哥，萬法（萬事萬物）唯心，心外無法，這道理你是知道的。禪師的心是佛，所以看你是佛；而你的心是牛糞，所以你才把他看成牛糞。」

「君子所見無不善，小人所見無不惡」，以什麼樣的心，自然觀照到什麼樣的物。因此，當我們受到別人的無心誤解或者有意謾罵時，沒有必要忿忿不平，更無必要以牙還牙，而該用一顆慈悲之心去憐憫那些「心中有汙穢之物」之人。

除此之外，我們還應學學佛印禪師，常懷善心，予人善言。

荀子認為，善言暖於布帛。的確，尤其在當今社會，激烈的競爭讓人變得尖銳苛刻，不論無心還是有心，口舌之失總會帶來或大或小的麻煩。其實，人們大可不必事事都逞口舌之快，不必處處樹敵，將自己的生活弄得緊張不安。嘗試著予人善言，少一些浮躁，少一些冷漠，少一些敵意，你的心也會漸漸變得慈悲、友愛，生活自然祥和。

那麼，就讓我們來看看佛家是如何指引我們說善言的吧：

少說抱怨的話，抱怨帶來嫉恨；

多說寬容的話，寬容乃是智者。

少說諷刺的話，諷刺顯得輕視；

多說尊重的話，尊重增加了解。

少說拒絕的話，拒絕形成對立；

多說關懷的話，關懷獲得友誼。

少說命令的話，命令只是接受；

多說商量的話，商量總是領導。

少說批評的話，批評產生阻力；

多說鼓勵的話，鼓勵發揮力量。
少說粗穢的話，粗穢使人墮落；
多說高尚的話，高尚即是天堂。

悅己，悅人

> 「把自己當成別人，把別人當成自己，把別人當成別人，把自己當成自己。
> 如此，才可悅人、悅己。」

—— 佚名智者

一個少年去拜訪一位年長的智者。

少年問：「我希望自己常常感到愉快，也希望自己可以給別人帶來愉快。可是我努力了很久，卻難以實現。請問我如何才能做到？」

智者點點頭，笑對少年，說：「孩子，你能有這樣的願望，已經是很難得了。要知這世上有多少年齡心智長於你的人都沒有這樣的思想……」

少年虔誠地聽著，臉上沒有流露出絲毫得意之色。

智者接著說：「關於你的問題，我送給你四句話。第一句話是，把自己當成別人；第二句話，把別人當成自己；第三句話，把別人當成別人；第四句話是，把自己當成自己。」

少年聽完，有些不解，問：「這四句話之間就有許多自相矛盾之處，我該用什麼才能把它們統一起來呢？」

智者答：「很簡單，用一生的時間和經歷。」

少年沉默了許久，若有所思，最後叩首告別了智者。

後來，少年攜伴著智者的這四句話度過了中年、老年，直至離世。他所到之處無不充滿著和諧與歡樂，認識他的人也都懷念他給大家帶來的歡樂。

讓自己快樂，也讓身邊的人快樂。這，可算是人際關係的最佳境界了。智者的這四句話實在值得我們細細咀嚼：

當自己痛苦憂傷之時，把自己當成是別人，這樣痛苦就自然減輕了。

當自己欣喜得意之時，也把自己當成別人，如此，得意之氣也會變得平和沖淡一些。

面對別人的痛苦不幸時，將別人當成自己，像感受自己一樣去體會別人的心情、理解別人的需求，這樣自然可以發自內心地去幫助別人。

要充分地尊重每個人的獨立性，在任何情形下都不可侵犯他人的核心領地；同時也要堅持自己的獨立性，做最本真的自己。

以愛的慈悲攝受眾生

「慈悲沒有敵人，智慧不起煩惱。」

—— 聖嚴法師

日本的空也上人大師常常出外弘法。

一日，大師外出時，經過一條山路，走到轉角處，突然從路的兩旁竄出幾個凶神惡煞的強盜，他們個個手中拿刀，向大師索要過路費。

大師見狀，什麼也沒說，不覺掉下了眼淚。

強盜們一看大師竟然落起淚來，哈哈大笑起來：「想不到竟然會有這麼一個貪生怕死的出家人。」

大師擦乾流下的淚珠，搖搖頭，嘆道：「我只是看到你們，心中感到萬分憐惜。你們個個年輕力壯的，其實本來都可以是有為青年，可以為社會做一些有意義的好事。可如今，行差踏錯，成群結黨去打家劫舍，不僅辜負了養育你們的父母，還為你們自己種下了惡果。我一想到你們今天犯下罪過，眼看將來就要墮入地獄去受苦，就禁不住為你們感到傷心著急，因而流下了眼淚。」

強盜們聽完大師如此慈悲的言語，放下手中的刀，跪拜在大師面前。從此，他們拋棄貪妄瞋恨之念，成為空也上人大師的弟子。

以愛的慈悲攝受眾生，無論是粗暴強盜還是凶悍大惡都會被感化。因為強盜也好，大惡也好，他們都是人，都有著鮮熱的血液和跳動的心，都有著慈悲本真的一面，不管他們的這一面被掩藏得有多深，只要有愛，就可以用慈悲去喚醒慈悲。

一念的慈悲可以消除貪欲，一念的慈悲可以化解瞋恨，一念的慈悲可以喚醒良知，一念的慈悲還可以拯救靈魂。

煦之，霜之

「煦之孕之，春夏所以生育也；霜之雪之，秋冬所以成熟也。」

—— 《禪林寶訓》

日本有位禪師，年輕時，曾千里迢迢來到京都一山禪師處參學。

有一天他到一山禪師室中請示道：「弟子大事未明，請大師指點。」

一山禪師嚴肅地回答道：「我禪宗不立文字，也無專門的研習方法。」

這位求學心切的青年如此懇求多次，仍得不到一山禪師的開示，心想：既然與禪師無緣，長此下去也無法開悟。

於是這青年忍淚辭去，前往鐮倉的萬壽寺叩拜佛國禪師。誰知在佛國禪師座下卻遭到更無情的棒喝，依然無法開悟。

這嚴厲的棒喝對殷殷求道的青年實在是深深的打擊，於是他傷心地對佛國禪師發誓道：「弟子若悟不到禪機，絕不再見禪師！」說完便辭去了佛國禪師。

從此，這個青年獨自一人來到深山裡，與自然為伴，日以繼夜地靜坐悟禪。

一天，他坐在庭前樹下，心中無牽無掛，不知不覺到了深夜，準備入草庵安睡。上床時，他誤將無牆壁的地方當作牆壁，糊裡糊塗地把身子靠了過去，結果卻跌了下來。就在將跌倒的一刹那，他不覺失笑出聲，猛然間豁然大悟，趕緊作下一首詩偈：

「多年掘地覓青天，添得重重礙膺物；一夜暗中揚碌磚，等閒擊碎虛空骨。」

次日，興奮不已的他忙去拜見佛國禪師，呈上他的悟道偈。

佛國讀後大為讚嘆，說：「祖師西來意，你已經明白了，要善自護持啊！」

青年從此努力修行，終成正果，他就是日本禪學界鼎鼎有名的夢窗國師。

夢窗國師究竟悟到了什麼？

「掘地覓青天」，猶如緣木求魚，南轅北轍。夢窗希望透過別人的一兩句教導就一下子成佛，卻離佛道越來越遠了。這是何故？因為禪理智慧是要親身去體悟而成的，正是如此，一山禪師才語言冷淡，看似不夠慈悲；佛國禪師才會棒喝，表現得更為冷漠。其實，這都是在啟迪夢窗啊，語冷心慈，這樣，夢窗才懂得自己去體悟。

我們都知道，自然界中除了春風夏雨能滋潤萬物生長，其實秋霜冬雪亦可促成萬物成熟。授業也一樣，只要有慈心，諄諄教導也好，嚴叱厲喝也好，煦之、霜之都可催人進步。

練就一雙有力的翅膀

「心志不苦，患難未嘗，則智慧頓而膽力怯。」

—— 胡林翼

　　一個小和尚得一高僧收為徒弟。小和尚很是興奮，以為從此便可得到師父的傳授而參禪悟道了。然而，日復一日，小和尚依然只是做些打水掃地、抄書誦經之事，從未得到師父的任何提點。

　　小和尚耐不住了，問師父：「師父，我現在每日都只在做些瑣事，何時才能得到您的指點參禪悟道呢？」

　　師父笑笑，沉默片刻，緩緩地說：「你可知道，在飛蛾中，有這樣一種蛾：牠們的幼蟲時期是在一個幾乎看不見出口的繭中度過的。當牠們在繭中完成蛻變，奮力破繭而出之時，卻常常因為繭口太小而力竭身亡……」

　　聽到此，小和尚打斷道：「要是能有人幫牠們把繭子的口剪開就好了。」

　　師父搖頭道：「萬萬不可，從剪開的繭中爬出的幼蟲將失去飛翔的能力。」

　　小和尚疑惑地追問：「這是為何？」

　　「你可知道，這狹小得足以毀掉幼蟲生命的繭口正是幫助幼蟲兩翼成長的關鍵所在。幼蟲在穿越繭口的時候，透過用力擠壓，血液才能順利送到蛾翼的組織中去，兩翼充滿了血液，幼蟲才能振翅飛翔，完成生命的蛻變。而這雙經歷了拚力煽動奮勇力爭的翅膀，隨後可以長得比其身體大好

幾倍,且堅毅有力,助其展翅高飛。」師父解釋道。

　　小和尚聽完,恍然大悟:師父的用意是希望自己能像這飛蛾一樣,自己去練就一雙有力的翅膀!

　　小和尚師父所說的這種蛾,叫「帝王蛾」。如此霸氣的名字,應該是實至名歸的。牠們挑戰了身體的極限,跨越了生死的界線,才為自己創造出一片開闊的天地。如果沒有親身經歷一番反覆鍛鍊、奮力掙扎,又怎麼能練就這樣一雙強大有力的翅膀?而那些得到人們幫助的飛蛾,雖然輕鬆地爬出了繭,卻無法飛起,就是因為:人們可以為牠們創造任何條件,卻無法給牠們一雙有力的翅膀。

　　帝王之所以是帝王,就在於他擁有屬於自己的力量,這種力量不是別人賜予,也不是向別人借取,而是自己一點一滴地去爭取和累積的,實實在在地擁有這種力量才足以掌控自己的命運,成為自己生命的帝王。

花開的時間

「生命中，許多驚喜和奇蹟，需要時間的等待。」

—— 作者題記

一位居士住在山中，每年春天，他屋門的臺階上總會橫七豎八地長出一些野草。居士很勤勞，喜歡整潔，所以，每次他總會在雜草初生之時便將它們清理掉。

一天，居士要出遠門，委託一位朋友幫他看守庭院。與居士相反，這位朋友是個向來不修邊幅的人，也不喜歡勞動，對於居士屋外臺階上的野草，他從來不覺得礙眼，任其自由成長。

到了夏天，臺階上的一株野草開花了。五瓣的小花散發著一陣陣的幽香，花形如林地裡的蘭花一樣，不同的是花邊呈蠟黃色。這位朋友看著這新生的美麗花朵很是驚喜。滿心歡喜觀賞的同時，他越看這花就越覺得眼熟。

「難道這是蘭花的一種？」他心想著，於是便採擷了一些葉子和花朵去請教一位研究植物的專家。

專家拿著花仔細地觀察了一陣後，興奮地說：「哎呀！你這是蘭花的一個稀有品種，名叫『臘蘭』，許多人窮盡了一生都很難找到它，如果在城市的花市上，這種臘蘭的單株價至少是一萬元。」

「臘蘭？」這位朋友驚呆了。

兩天後，居士外出回來了。他遠遠就看見自己臺階上已經變得雜草叢生，心裡埋怨道：「他也真是的，也不好好幫我打理……」正想著，已走到

門前，看到雜草叢中竟然開著朵朵鮮豔的小花，他有些喜出望外。這時，朋友來了，告訴他這是珍貴的臘蘭花。

居士一聽，整個人驚呆了，片刻之後，他不無感慨地說：「其實那些臘蘭每年春天都會破土而出，只不過它剛發芽就被我拔掉了。要是我能耐心地等待它開花，那麼幾年前就能發現它的價值了。」

給植物一個「花開的時間」，它們的價值才能得到展現；給人一個「花開的時間」，他們的潛質與能力才能得以發揮。

「花開的時間」，意味著一個機會，因為一個機會，命運也許就此改變。

慈悲感化

「慈心能降伏一切鬼魅，悲心能遠離一切邪惡。」

—— 佛家偈語

　　日本的良寬禪師，在年老之時的某一日，收到了家鄉送來的信件。

　　信中說其外甥，終日不務正業，只知吃喝玩樂、賭博鬧事，弄得快要傾家蕩產，家鄉父老們都希望這位德高望重的禪師舅舅，能回鄉教育外甥，勸其回頭是岸，重新做人。

　　良寬禪師看完信件，便連夜起程，跋涉了幾天的路程，終於回到家鄉。外甥與多年未見的舅舅相聚自然格外興奮，特地留舅舅在家過夜；但同時，外甥也知道舅舅遠道而來的目的是要教訓自己，心裡自然犯起了嘀咕。

　　外甥整整一夜都忐忑不安，擔心舅舅會責罵自己，然而，良寬禪師對此卻隻字未提。

　　第二日一早，良寬禪師便要起程離去。就在與外甥道別時，他緩緩蹲下身子，顫抖地彎腰弓背低下頭來。外甥不解，也低下頭看，原來舅舅要繫鞋帶。看到年邁的舅舅吃力地蜷縮著身子，雙手哆哆嗦嗦，外甥心裡一陣顫動，趕緊蹲下身，幫舅舅繫上鞋帶，之後還將其輕輕扶起。

　　良寬禪師微笑地看著外甥，說道：「謝謝你了，你幫我繫的鞋帶，一定能走很遠的路。」

　　很久沒有得到別人感謝的外甥，聽到這話，露出了開心的笑。

　　接著，良寬禪師將雙手扶在外甥肩上，慈祥地說：「你看，人老了就

是這樣，一天衰似一天，很多事都不能自主。你要好好珍惜自己，趁年輕的時候，認真地做人做事，否則以後老了就沒機會了。」

禪師說完話後，掉頭就走。從此以後，外甥不再放蕩，還成就了一番事業。

沒有批評責罵，沒有嚴詞說教，是什麼，使得浪子回頭？

答案也許就在禪師蹲下的剎那；在禪師哆嗦著雙手不能自助的瞬間；在禪師真誠地對外甥說出「謝謝」的片刻；也在禪師雙手搭著外甥雙肩之時……

那些高高在上的教育方式常常讓人麻木，禪師出乎意外地一蹲，反而讓這習慣了被人唾罵的外甥感受到自己的尊嚴；禪師無助時的顫抖與哆嗦，讓外甥封閉的心為之一震，震出了其內心深處的善良與悲憫；禪師真誠地對外甥道謝，終於讓這個自暴自棄的年輕人感受到自己的力量與價值；而當一雙充滿關愛的手搭在外甥肩上時，伴隨著循循善誘的話語所帶來的是一種愛的傳遞，禪師讓外甥真真切切地感受到關愛、找到信心、得到徹悟。

這就是慈悲的力量，沒有怒、憎、罵、怨，只有關愛與包容，慈悲感化。慈悲感化的力量源於用愛和包容去觀照他人的內心、撬動他人的善心、喚醒他人的上進之心。教育，本就該如此。

我何在

「人生在世，難免會有種種遺失，唯獨不可失去自我，活著，就該常常扣問自己『我何在』。」

—— 作者題記

古時有一個差人，十分糊塗健忘，每次出發前都必須把所有東西一一點完，才能放心出發。

這次，差人押解一個和尚上路，出發前照例將所有要帶走的東西逐個點了一遍：「和尚」、「包袱」、「公文」、「我」。確定齊了才上路。

一天晚上，和尚和差人套交情。和尚說盡了甜言蜜語，不斷感謝差人一路上辛苦相陪，還說自己願意出錢買好酒好肉招待差人。差人聽得陶醉不已，自然接受了和尚的邀請，放開豪飲。

然而，差人在酒酣耳熱之時，忘了自己的職責和身份，竟自己解開了和尚的枷鎖以方便和自己暢飲。

酒一杯接著一杯，差人喝得爛醉如泥，沉沉睡去。半夜，和尚剃掉了差人的頭髮，給差人換上自己的衣服，自己穿起差人的衣服，之後悄悄逃走了。

差人第二天早上醒來後，也沒發現什麼異樣，只是習慣性地摸了摸包袱、公文，念叨說：「咦，包袱、公文還在。」

但突然之間大驚失色：「和尚哪裡去了？」

他圍著房子轉了幾圈，找不到和尚的半個影子，急得他口乾舌燥，一個勁地撓頭皮。這一撓，倒發現自己是個光頭！

差人抱著頭大叫：「啊，還好還好，和尚還在！可是，還少一個人啊，

那麼『我』又跑到哪裡去了？」

　　連自己都找不到，真是可悲。然則可悲的又豈止差人一個呢？世間之人不也常常找不到自己嗎？

　　如今的群體社會科技發達、資訊共用，使得每個人身上都多了社會性、少了個體獨立性，崇拜模仿之風，讓人隨波逐流、沒有主見，總是習慣以別人的觀點和標準來衡量自己、改變自己，最後只會喪失自己。

　　受不住別人的閒言閒語、是是非非；禁不住燈紅酒綠、歌舞浮華的紛紛擾擾；耐不住功名富貴、權勢地位的層層虛榮……很多人，迷失在繁華與荒涼交錯的世界裡，脫離了最初的自己，拋卻了本真的心靈，於是盲目追求，拚力鑽營，爾虞我詐，機關算盡，使盡手段，聲嘶力竭，或許最後終於穿上了華麗的外衣，但同時也給自己戴上了一層又一層厚厚的面具，迷失本心本性，失去了原本清淨的精神家園，這要摘下多少個面具，才能找到真正的自己？

　　「我何在？」常常問問自己，別再「反認他鄉作故鄉」。

不能事親，焉能成佛

「慈母手中線，遊子身上衣。臨行密密縫，意恐遲遲歸。
誰言寸草心，報得三春暉。」

—— 孟郊

有個年輕人和母親相依為命。因為生活貧窮，年輕人迷上了求仙拜佛。母親見兒子整日不務正業，便苦口婆心地規勸他，可兒子依然迷悟不能自拔。

一天，年輕人聽說遠方南山上有一位得道的高僧，便瞞著母親跋涉千里去找高僧討教成佛之道。

他歷盡艱辛，終於找到了那位高僧。高僧熱情地接待了他。

高僧聽完他的一番訴說後，沉默良久，開口道：「你真想修道，我可以給你指條明路。」

年輕人十分高興了：「太好了，我願拜大師為師，專心修道。」

高僧不以為然地說：「你與其拜我為師，還不如去找佛。」

年輕人頓時來了興趣，忙問：「請問哪裡有佛？」

高僧說：「你現在只管回家去，到時有個人會披著衣服，反穿著鞋子來接你，那個人就是佛。」

年輕人聽後大喜，拜謝了高僧，起程回家，路上他努力地留意著高僧說的那個人。

第一天，他投宿在一戶貧寒農家，他仔細看了看迎接他的男主人，完全不是高僧所描述的那樣。第二天，他又投宿在一戶富有人家，在這裡，他找不著高僧所說的佛，他開始有些灰心。第三天，第四天……一路走

來，投宿無數，卻一直沒有遇到高僧所說的那樣接他的人。

眼看快到家了，佛還沒有出現。年輕人又氣又悔，覺得是高僧欺騙了他。

等他回到家時，夜已經很深了。他灰心喪氣地抬手敲門。

「誰呀？」屋內傳來母親蒼老驚悸的聲音。

「我，是你兒子。」他沮喪地答道。

母親聽到兒子的聲音，趕緊跳下床，急忙抓起衣服披在身上，燈也來不及點著就去開門，慌忙中鞋子都穿反了。年輕人看到母親狼狽的樣子，不禁熱淚盈眶，「撲通」跪倒在母親面前。

他終於頓悟了，母親，就是他一直要找的佛。

母親，就是那個任何時候都能為了我們而赤腳開門，為了我們而不顧自己的狼狽模樣，為了我們而時刻牽動著內心的每一根神經的那個對我們慈悲寬容的佛。

我們總在尋找一個屬於自己的歸宿，可曾想過，那個歸宿，就是離我們最近的、一直無私關愛著我們的父母？對於每一個兒女來說，最值得感謝的人是父母，可我們總是無言；最值得敬仰的人，也是父母，可我們總是忘記；最值得關懷的人還是父母，可我們總在忽略……父母對子女的愛是默默奉獻的，是不圖任何回報的。我們無視父母的大愛，四處漂流，苦苦尋找一個想要侍奉的佛，其實，父母，就是自己苦苦尋找想要侍奉的心中之佛，我們最該好好侍奉的就是我們的父母。人生短短幾十年，千萬不要等到「子欲養而親不在」時方才醒悟。

無法代替

「生活之事，可求之於人；人生之路，只能自己去走。」

—— 作者題記

　　道謙禪師與好友宗圓結伴去參訪行腳禪師。一路上，宗圓因為不能忍受跋山涉水的疲勞困頓，幾次三番鬧著要回去。

　　於是道謙禪師安慰他說：「我們已經決心出來參學，而且也已經走出了這麼遠的路，現在半途放棄回去，實在是可惜啊。這樣吧，從現在起，路上如果有我可以替你做的事，我一定為你代勞，但只有五件事我幫不上你的忙。」

　　宗圓問：「哪五件事呢？」

　　道謙禪師泰然自若地說：「穿衣、吃飯、拉屎、撒尿、走路。」

　　道謙禪師的話起到了很大的作用，宗圓終於有所領悟，從此再也不提行路辛苦之事了。

　　「滴自己的汗，吃自己的飯，自己的事自己辦！靠天靠地靠祖上，不算是好漢」人活一輩子，總是要靠自己的。若事事嫌麻煩、怕辛苦，都去求人幫，就算有人幫了一時，也幫不了一世。更何況不論衣食住行還是生死大事，都是別人無法替代的。

　　世間從來就沒有不勞而獲，就算有黃金從天而降，也需要自己俯身將其拾起。「無法代替」這其實是個簡單的道理，卻有很多父母不是很明白，他們事事為子女包辦，大事小事都替子女做完，卻忘了，父母無法代替兒女面對複雜的社會，無法代替兒女過一輩子！

二人齊心，其利斷金

「能用眾力，則無敵於天下矣；能用眾智，則無畏於聖人矣。」

—— 孫權

有兩個年輕人一同外出旅行，途中兩人行至一個人跡罕至的地方迷路了。兜兜繞繞，兩人筋疲力盡也沒找到回去的路。

正在他們饑渴難耐之時，遇到了一個好心的長者。長者贈給這兩個人一根魚竿和一簍鮮活碩大的魚。其中，一個人要了一簍魚，另一個人要了一根魚竿。得到饋贈，兩人仍然各有憂慮：拿魚的人擔心同伴向自己要魚吃，而拿魚竿的人也擔心對方將魚吃完後要自己給他釣魚。於是他們分道揚鑣了。

得到魚的人就在原地用乾柴搭起篝火烤起了魚，狼吞虎嚥地享用美食，不多時，便將烤好的魚吃了個精光。這會兒，肚子是填飽了，可魚筐卻空蕩蕩了。這人卻一點也不擔心，「今天吃飽了，明天就有足夠的力氣找出路，肯定能夠很快找到出路」。然而第二天，走了整整一天，他還是被困在這個荒涼的地方。這樣又過了第三天、第四天……他最終被餓死在這無人的荒地上。

而另一個拿著魚竿的人繼續忍饑挨餓，「一定能找到水源，有水就有魚，可以釣來吃了」。帶著這樣的信念，他拖著無力的身軀走了兩天兩夜，第三天天亮時，他驚喜萬分，遠處就是一片青青的湖泊啊！雖然興奮，但他饑餓不堪的身體卻實在無能為力了。他倒下了，倒在這去往湖泊的距離短短的路上。他趴在地上，渾身的最後一點力氣也使完了，只能眼

巴巴地帶著無盡的遺憾撒手人間。

很多年以後，又有兩個饑餓的人在一個人煙稀少的地方，在他們山窮水盡之時，得到了一位長者同樣的恩賜：一根魚竿和一簍魚。只是他們並沒有各奔東西，而是商定共同去找尋大海。他倆每次只煮一條魚，經過遙遠的跋涉，他們來到了海邊，從此，兩人開始了捕魚為生的日子。幾年後，他們蓋起了房子，有了各自的家庭、子女，有了自己建造的漁船，過上了幸福安康的生活。

《易經》有言：「二人齊心，其利斷金。」

一個人的力量總是有限的，人既然生活在群體中，就要學會與人協作，團結互助，取長補短，這樣才能走得更遠，獲得更多。然而，要想團結，就要先學會克制一己私欲和貪念。無私，不狹隘，這才是團結的基礎。

寬容，無聲的教育

「愛人者，人恒愛之；敬人者，人恒敬之。」

—— 孟子

相傳古代有一位老禪師，不僅德法深厚，還總是慈顏善目，待人親切，深受人們尊敬。

一天晚上，這位老禪師在禪院裡散步，忽然發現牆角邊放著一把椅子。很明顯，老禪師一看就知道肯定有和尚違犯寺規越牆出去溜達了。老禪師也不聲張，只是靜悄悄地走到牆邊，移開椅子，就地蹲在原來放椅子處。

沒多久，果然有一位小和尚從院外翻牆回來，黑暗中，小和尚踩著老禪師的脊背跳進了院子。

當他雙腳落地的時候，才發覺自己剛才踏的不是椅子，而是自己的師傅。小和尚頓時驚慌失措，僵立在那裡，慚愧地低下頭，不知道說什麼才好。

出乎小和尚意料的是，師傅只是關切地說了一句：「夜深天涼，快去多穿一件衣服，別感冒了。」

沒有一句教訓、責備的話，老禪師只顧著關心小和尚的健康。小和尚又一次驚呆了，愣在那裡，然而，除了驚呆之外，內心更湧起一股暖流。

此後，老禪師再也沒有提起這件事情，而小和尚雖然沒有受到老禪師的嚴厲批評，卻自己深深地反省了一番，意識到自己的錯誤，從此再也沒有越牆出去閒逛了。

老禪師的肚量，是寬容。寬容，其實是一種無聲的教育，這種教育，更富有力量，因為它能穿透人的內心，讓人幡然悔悟，真情感動。

　　師生間、父母間，朋友間、夫妻間，無不需要這樣一種寬容。它能給犯過錯的人提供冷靜反省的空間，讓其真心改過，自戒自律，既給予犯錯者尊嚴，更給予其關愛。這比起嚴厲的責備、咄咄逼人的語態、喋喋不休的嘮叨更富有力量。想想，這不是於人於己都更有益嗎？

幸福是什麼

「樂不在外而在心，心以為樂，則是境皆樂；心以為苦，則無境不苦。」

—— 李漁

一日，佛遇見一個農夫。

農夫十分苦惱地向佛訴說：「我家的水牛剛死了，沒牠幫忙犁田，我就無法下田作業，這叫我如何養家糊口呢？」

佛聽完，憐憫農夫，賜給他一頭健壯的水牛。看著農夫滿足的喜悅，佛感受到了他幸福的味道。

另一日，佛遇見一個讀書人。

讀書人非常沮喪地向佛訴說：「我的錢被騙光了，沒盤纏回鄉，如此，我可能要餓死他鄉了。」

佛聽完，憐憫他，賜給他一些銀兩做路費。看著讀書人滿足而充滿希望的眼神，佛感受到了他幸福的味道。

又一日，佛遇見一個詩人。

詩人年輕、英俊多才且富有，妻子貌美而溫柔，但他卻過得不快活。

佛問他：「你不快樂嗎？我能幫你嗎？」

詩人對佛說：「我什麼都有，卻只缺一樣東西，你能夠給我嗎？」

佛回答說：「可以，你要什麼我都可以給你。」

詩人直直的望著佛說：「我想要幸福。」

這下子把佛難倒了。佛沉默片刻，想了想，說：「好，我能給你幸福。」

說完，佛把詩人所擁有的都拿走。佛拿走詩人的才華，毀去他的容貌，奪去他的財產和他妻子的性命。做完這些事後，佛便離去了。

過了一段時間，佛再回到詩人的身邊，只見詩人餓得骨瘦如柴、奄奄一息，衣衫襤褸地躺在地上掙扎。

看到這，佛沒有對他說什麼，只是把曾經從他那裡拿走的東西一一還給他。詩人的才華、詩人的容貌、詩人的財產和他嬌美的妻子，全部又回到了詩人身邊。然後，佛又離去了。

又過一段時間，佛再去看詩人。此時的詩人意氣風發，摟著妻子，充滿感激地對佛說：「謝謝您，我現在感覺很幸福，我會永遠珍惜這種幸福。」

佛聽完，滿意地點點頭，離開了。

幸福是什麼？幸福是一種滿足，是一顆充滿感恩的心靈由衷的滿足而散發出的氣息。

如李漁所言「樂不在外而在心」，一個人幸福與否，更多地在於其內在心態。然而世人常常被外物所累，心靈變得麻木、混濁甚至貪婪，以至於「生在福中不知福」。很多人習慣把擁有財富的多少、物質生活的優劣、外在形象的好壞看得格外重要，以為這就是幸福所在。然而，我們擁有的還少嗎？健康的身體，疼愛我們的親人，真誠的朋友，穩定的工作，吃穿不愁……卻沒有多少人滿足於這種幸福，放著自己本已擁有的幸福不懂得珍惜、感受，反而苦苦追尋那些飄渺的「幸福」。

其實，幸福的泉源就是一種簡單。簡單，不一定是物質的匱乏，不是無所事事，而是一種精神上的逍遙自在，心靈上的純淨透明。在生活中多一些真誠，少一些虛偽；多一些舒暢，少一些擔憂；多一些付出，少一些索取……給自己的心靈創造一個寧靜和諧、平衡快樂的處所，用一種滿足、感恩的心境去過每一天，你一定會感受到幸福。

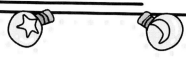

百善孝為先

「夫孝者，天之經，地之義，人之行，德之基也。生育之恩，浹乎宇宙，顧復之德，等同昊天。」

—— 《孝經》

　　古時有一個小男孩，家中生活十分艱苦，在他九歲時，母親就去世了。

　　母親的離去，讓這個小男孩十分傷心，從此，他變得更加懂事，對父親更加關心、照顧，儘量讓父親少操心。

　　到了冬天，天氣特別寒冷。在小男孩貧困的農家裡又沒有任何取暖的設施，冷冷的床、薄薄的被子讓人凍得難以入睡。

　　一天晚上，男孩在讀書時感到特別冷，捧著書卷的手一會兒就變得冰涼冰涼的了。「這麼冷的天，爸爸一定很冷，他老人家白天做了一天的工作，晚上卻還不能好好地睡覺……」

　　想到這裡，小男孩心裡很不安。於是，趁著父親還在做家務時，男孩放下手中的書，悄悄走進父親的房裡，給他鋪好被，然後脫了自己的衣服，鑽進父親的被窩裡，用自己的體溫，給冰冷的被窩加溫，等到被窩變暖，男孩才穿上衣服，起身去招呼父親趁熱睡下。

　　懂事的男孩用自己的孝敬之心，溫暖了父親的被子，更溫暖了父親的心。

　　這個九歲的小男孩叫黃香，「香九齡，能溫席」的感人故事被人們傳頌至今。

　　孔子曰：「孝，德之本也。」父母之恩重如山，父母一生都在為子女

奔波操勞，父母對子女傾其所有、無私付出。或許，不同的父母在物質上能給予孩子的東西會有多少之分，但，有一樣，是所有的父母都相同的，那就是給孩子的愛——父母一生全部的愛，滿滿的愛。

百善孝為先，一個人，就算在外做再多好事，如果不善待父母，那他所做的善事都是偽善；一個人，就算人生事業再輝煌，如果不能讓自己的父母生活幸福、內心安樂，那他就是個被人鄙視的失敗者。

做人，要懂得飲水思源，這「源」，首當其衝就是父母的愛之源。無論我們處於年少之時還是已長大成人，甚至身為人父（母），都應該時刻懷著對自己父母的感恩之心、關愛之心去體恤父母的辛勞，體諒父母的苦心。兒女，除了要給予父母富足的條件使其安享晚年，更要給予父母足夠的恭敬、關懷、耐心，以此溫暖父母的內心，讓他們得到精神的愉悅與滿足，就像他們當初無私地養育我們一樣。

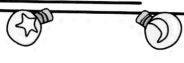

育人者如園丁

「一年之計，莫如樹穀。十年之計，莫如樹木。終身之計，莫如樹人。」

—— 管仲

有一位信徒在佛殿上禮完佛之後，便信步到花園散步，碰巧看到園頭（負責園藝的僧眾）正埋首整理花草，只見他一把剪刀在手中此起彼落，將枝葉剪去，或將花草連根拔起，移植另一盆中，或給一些枯枝澆水施肥，給予特別照顧。

信徒對此不解，上前問道：「園頭禪師，照顧花草，你為什麼將好的枝葉剪去，枯的枝幹反而澆水施肥？而且從這一盆搬到另一盆中，沒有植物的土地，何必鋤來鋤去？有必要這麼麻煩嗎？」

園頭禪師道：「照顧花草，如同教育你的子弟一樣，人要怎麼教育，花草也是。」

信徒聽後，不以為然道：「花草樹木，怎能和人相比呢？」

園頭禪師頭也不抬地說道：「照顧花草，第一，對於那些看似繁茂，卻生長錯亂、不合規矩的花，一定要去其枝蔓，摘其雜葉，免得它們浪費養分，將來才能發育良好；這就如收斂年輕人的氣焰，去其惡習，使其納入正軌一樣。第二，將花連根拔起植入另一盆中，目的是使植物離開貧瘠，接觸沃壤；這就如使年輕人離開不良環境，到另外的地方接觸良師益友，求取更高的學問一般。第三，特別澆灌枯枝，實在是因為那些植物的枯枝，看來已死，內中卻蘊有無限生機；不要以為不良子弟都無可救藥，便對他們灰心放棄，要知道人性本善，只要悉心愛護，照顧得法，終能使

其重生。第四，鬆動曠土，實因泥土中更有種子等待發芽；就如那些貧苦而有心向上的學生，助其一臂之力，使他們有機會茁壯成長！」

圓頭禪師一席話，實在是教育的良方。《涅槃經》云：「情與無情，同圓種智。」世間無不可救的生命，亦無不可教的人才。拯救生命抑或教育人才都應該懷著一顆博愛與慈愛之心，尊重每一個個體生命，因地適宜，因材施教，按其所需給予其引導與幫助。

貧子有衣珠

「衣珠歷歷分明，只管伶俜飄蕩。若渠更擬不知處，便與攔腮轟一掌！」

—— 《通玄百問》

　　珠寶明明就在自己的衣服中，卻四處在外苦尋「寶所」，實在應該痛下棒喝。真有人無視自己懷中之寶而四處外尋？

　　是的，《法華經》就記載著這樣一個故事：

　　從前，一個窮人去拜訪富有的親戚，受到了親戚熱情的款待。窮人很高興，喝得酩酊大醉，在酒席上酣然睡去。很不巧，那個親戚因為接到了要處理公務的通知，必須立即外出。

　　富人憐憫自己眼前這個窮困的親戚，想給他提供一些幫助，可眼看著這個窮親戚醉得不省人事，富人就把一顆價值非常昂貴的寶珠，縫在窮親戚的衣服裡，然後匆匆離開了。

　　窮人當時爛醉如泥，並不知道這件事。酒醒之後，看見主人沒在，就起身離去，四處流浪，尋求財富。

　　幾年以後，窮人仍然一貧如洗，流浪在街頭乞討。幾年了，他一直不知道自己衣服裡藏著一顆價值連城的寶珠。

　　後來，一個偶然的機會，他又碰見了那位富有的親戚。富人看見他衣衫襤褸的樣子，不禁流淚嘆息說：「你怎麼這麼可憐？你的衣服裡已經有一顆價值連城的寶珠，你怎麼還一直在街頭流浪！」

　　窮人聽完，立刻打開自己的衣服，一顆閃亮的寶珠浮現於眼前……佛家認為，佛陀給了每個凡人一顆衣中寶珠。這寶珠，是人的覺悟與智慧。

人的本心與智慧是價值連城的，多數人卻將這無價的寶珠埋藏在那由煩惱、妄想織成的破衣爛衫中，以至於精神上終日窮困潦倒，一貧如洗。直到再次得到佛陀的指點，發現了生命中的寶珠的時候，才能擺脫心靈的貧困，成為一個充滿智慧的覺悟者。

可並非人人都那麼幸運，能夠及時得到智者的提點。所以我們每個「貧子」要學會丟掉那破衣爛衫，丟掉煩惱與妄想，學會自己去覺悟，自己挖掘自己心中的智慧寶珠，讓自己變得精神富有。

莫忘父母恩

「羊有跪乳之恩，鴉有反哺之義。」

—— 《增廣賢文》

人們常說，父母恩情不得忘，為人子女，應該以反哺之心孝敬父母，以感恩之心孝順父母！

何謂「反哺之心」，何謂「感恩之心」？先來看看「羊羔跪乳」、「烏鴉反哺」，究竟為何被引為孝義的典範的吧。

古時候有一個孩子極不孝敬父母，孩子的舅舅決定好好教育教育他。舅舅是個牧羊人，每天在山坡上放羊。他雖然沒有文化，但對子女的教育卻很有辦法。於是孩子的父母就放心地把孩子送到了舅舅家。

一個炎熱的夏日，舅舅和外甥在一棵大樹下乘涼。這時，有幾隻烏鴉在炎熱的太陽下飛來飛去。外甥問舅舅：「這幾隻小鳥不怕熱嗎？牠們不停地飛來飛去忙什麼呢？」舅舅指了指樹上的鳥窩說：「你看那鳥窩，裡面有一隻老得飛不動了的烏鴉，牠正仰著頭、張著嘴，由小烏鴉一口一口地給牠餵食。要是沒有這些懂事的小烏鴉餵牠，牠會餓死的。烏鴉年老不能覓食的時候，牠的子女就四處去尋找可口的食物，銜回來嘴對嘴地餵給老烏鴉，而且從不感到厭煩，一直到老烏鴉臨終，再也吃不下東西為止。這就叫『烏鴉反哺』。」外甥在一邊聽了，默默地低下了頭。

又有一天，舅舅和外甥在羊圈裡擺弄幾隻小羊羔。外甥看見小羊羔都是跪著吃奶，感到奇怪，就問舅舅：「小羊羔為什麼總是跪著吃奶？」

舅舅耐心地講述起來：「很早以前，一隻母羊生了一隻小羊羔。羊媽

媽非常疼愛小羊，晚上睡覺讓牠依偎在身邊，用身體暖著小羊，讓小羊睡得又熟又香。白天吃草，又把小羊帶在身邊，形影不離。遇到別的動物欺負小羊，羊媽媽就用頭抵抗，保護小羊。一次，羊媽媽正在餵小羊吃奶。一隻母雞走過來說：『羊媽媽，近來你瘦了很多。吃進去的東西都讓小羊喝了去。』母雞走後，小羊說：『媽媽，您對我這樣疼愛，我怎樣才能報答您的養育之恩呢？』羊媽媽說：『我什麼也不要你報答，只要你有這一片孝心，我就心滿意足了。』小羊聽後，不覺落淚，『撲通』跪倒在地，表示難以報答慈母的一片深情。從此，小羊每次吃奶都是跪著。牠知道是媽媽用奶水將牠餵大的，跪著吃奶是感激媽媽的哺乳之恩。這就是『羊羔跪乳』。」

舅舅說完，停了一會兒，又說：「烏鴉還知道反哺、羊羔還知道跪乳，人難道就不知道孝敬自己的父母嗎？」

外甥聽了舅舅的一席話，懊悔地哭了。

羊羔跪乳，烏鴉反哺；人為萬物之首，難道還不如一禽鳥家畜？

世間最難報的就是父母恩。佛說，父母之恩有十：懷胎守護恩、臨產受苦恩、生子忘憂恩、咽苦吐甘恩、回乾就溼恩、哺乳養育恩、洗濯不淨恩、遠行憶念恩、深加體恤恩、究竟憐憫恩 —— 這十恩值得每一個做子女的細細去感受。在此摘錄《佛說父母恩重難報經》中的父母十恩，讓我們在日夜輪回中去思考，去感悟父母的種種恩情：

「第一，懷胎守護恩頌日：累劫因緣重，今來托母胎，月逾生五臟，七七六精開。體重如山嶽，動止劫風災，羅衣都不掛，裝鏡惹塵埃。

第二，臨產受苦恩頌日：懷經十個月，難產將欲臨，朝朝如重病，日日似昏沉。難將惶怖述，愁淚滿胸襟，含悲告親族，惟懼死來侵。

第三，生子忘憂恩頌日：慈母生兒日，五臟總張開，身心俱悶絕，血流似屠羊。生已聞兒健，歡喜倍加常，喜定悲還至，痛苦徹心腸。

第四，咽苦吐甘恩頌曰：父母恩深重，顧憐沒失時，吐甘無稍息，咽苦不顰眉。愛重情難忍，恩深複倍悲，但令孩兒飽，慈母不辭饑。

第五，回乾就溼恩頌曰：母願身投溼，將兒移就乾，兩乳充饑渴，羅袖掩風寒。恩連恒廢枕，寵弄才能歡，但令孩兒穩，慈母不求安。

第六，哺乳養育恩頌曰：慈母像大地，嚴父配於天，覆載恩同等，父娘恩亦然。不憎無怒目，不嫌手足攣，誕腹親生子，終日惜兼憐。

第七，洗濯不淨恩頌曰：本是芙蓉質，精神健且豐，眉分新柳碧，臉色奪蓮紅。恩深摧玉貌，洗濯損盤龍，只為憐男女，慈母改顏容。

第八，遠行憶念恩頌曰：死別誠難忍，生離實亦傷，子出關山外，母憶在他鄉。日夜心相隨，流淚數千行，如猿泣愛子，寸寸斷肝腸。

第九，深加體恤恩頌曰：父母恩情重，恩深報實難，子苦願代受，兒勞母不安。聞道遠行去，憐兒夜臥寒，男女暫辛苦，長使母心酸。

第十，究竟憐憫恩頌曰：父母恩深重，恩憐無歇時，起坐心相逐，近遙意與隨。母年一百歲，長憂八十兒，欲知恩愛斷，命盡始分離。」

珍惜，便是永存

「浩瀚大千世界，萬物此消彼長，存在，不過是個過程；永存，只屬於某種意願。然而，珍惜，卻能賦予萬物永存的價值……」

—— 作者題記

儀山禪師主持曹源的時候，因為道行很高，便有許多人前來參禪。其中有一個年輕的小和尚，雖然儀山禪師允許他在自己的門下修行，卻只讓他做一些為寺中僧人燒洗澡水的雜務。

一天，儀山禪師洗澡，水太熱了，就吩咐這個小和尚去提一桶冷水來把熱水沖涼。

小和尚奉命提來一桶冷水，將洗澡水水溫調好之後，順手把剩下的冷水倒掉了。

儀山禪師見了，忍不住生氣地責罵弟子道：「還有半桶水，你怎麼能就那麼倒了？要知道，宇宙的萬物都有用處，即使小如一滴水，給飢渴的人，它能解渴；給樹木花草，它就能灌溉滋養生命！不浪費的水就會永遠活著，你憑什麼浪費寺裡的一滴水呢？」

挨罵的小和尚不僅沒有懊惱，反而開悟了，後改法號為「滴水」，再後來成了一代著名禪師。年老時，他還寫下了著名的詩偈：「曹源一滴水，濟心七十年；受用不盡，蓋地蓋天。」

不浪費的水，就永遠活著；珍惜，便是永存。

佛家講，要「心包太虛，量周沙界」。做人應常懷愛人濟物之心，有了愛，自然懂得珍惜。

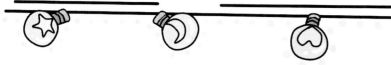

一日不作，一日不食

「天行健，君子以自強不息。」

——《易經》

唐代百丈懷海禪師將禪學運用於勞動實踐，創立農禪制度，即每日除了帶領大家修行外，還親執勞役，勤苦工作。

直到百丈禪師年紀老了，他還每日和弟子們一起上山擔柴、下田種地。可弟子們看著師父工作時氣喘力衰的樣子，聽著他入夜捶腰敲腿時的哼哼聲，實在不忍心讓年邁的師父再做這種粗重的工作，於是，大家紛紛進言勸說，請他不要再隨眾出坡勞動。

可百丈禪師不管弟子怎麼勸說，都不答應，且回絕道：「人生在世，如果不親自勞動，豈不成了廢人？」

於是，怎樣才能勸阻師父操勞，成為禪寺內經常商討的話題。

「以後耕種不要再通知師父。」然而每次勞作時間一到，百丈用不著等人通知，別人沒到他先到了。

「不發給他農具。」百丈禪師有自備的工具，就放在房間裡。

後來大家終於想出一個辦法：把禪師的農具藏起來。第二天，大夥在後山勞動了半天還沒見師父百丈來，個個都高興地以為：今天可以讓師父好好休息一下了。

誰知過不一會，禪師就氣喘吁吁地趕來，問道：「你們誰錯拿我的農具了？」

弟子們都不敢抬頭，只是搖頭作答。

百丈走到一個個弟子跟前察看，果然沒有他的。「這就怪了，我再找去！」

百丈又急急趕回禪房，四處尋覓，找了半天，也沒找到。但百丈禪師從弟子們高興的神情中明白了事情真相。他知道徒弟們都是好意，也不便責怪。只是第二天開始，他不再去找工具了，後山也不去了，然而連飯也不吃了。他要以絕食向弟子們抗議。

弟子們勸說道：「師父，您一點東西都不吃會餓壞的。」

百丈說：「我明確地告訴你們，我是『一日不作，一日不食』的。我今天沒有勞作，當然不能吃飯。」

弟子們沒辦法，只好將工具又還給他，讓他隨眾生活。

「人生在世，若不親自勞動，豈不成了廢人？」勞動，是人類得以生生不息的力量，人不勞作，四體慵懶，心志怠惰，就失去了身為人而存在的意義和價值。

勞作，當然不僅僅是指體力上的。在釋迦牟尼佛時代，有一位農夫看到釋迦牟尼佛托缽乞食，就問：「我們工作種田，所以有飯吃；你不工作種田，怎麼也要吃？」佛陀回答：「對！你是在耕田，我也在耕田。你耕的是土地，我耕的是心田，我在眾生的心田播撒善根的種子，讓它長出豐富的善根福德來，所以我也在耕作。」不管是體力勞動，還是腦力勞動，最主要的是要有價值，對人對己都有意義。

「一日不作，一日不食」，其實也是一種人生態度 —— 一種勤於付出、樂於付出的人生態度。要割禾收麥，就要先彎腰；要回報，就要先付出。

「一日不作，一日不食」，更是一種精神 —— 一種奮發向上、居安思危、戒奢以儉、勤勞不息、默默奉獻的精神。

一日不作，一日不食

「一日不作，一日不食」，應該成為我們的一種人生信念，當自己終日無所事事或心思怠惰頹廢之時告誡自己：不能坐享其成，要自強不息。

執守目標

「夫道者，所以反本復始；義者，所以行事立功；謀者，所以違害就利；要著，所以保業守成。」

—— 《吳子》

一個老和尚在給徒弟們講一個故事：

「森林裡三隻獵狗正在追一隻土撥鼠，土撥鼠走投無路，鑽進了一個樹洞。

「這個樹洞只有一個出口，土撥鼠早晚要從這裡出來的，三隻獵狗便悠然地蹲在樹洞前守候著。

「可不一會兒，從樹洞裡鑽出了一隻雪白的兔子。兔子見到三隻獵狗，便飛快地向前奔跑。三隻獵狗看到這肥嫩的白兔，便窮追不捨，圍追堵截。兔子急了，『噌』地一下爬上了另一棵大樹。兔子在樹上，倉惶中沒有站穩，一下子掉了下來，砸暈了正仰頭看的三隻獵狗，乘機逃跑了。」

說到這裡，老和尚便看看徒弟們，問道：「故事到此結束了，你們對這個故事有問題嗎？」

一個徒弟問道：「兔子不會爬樹。」

「一隻兔子不可能同時砸暈三隻獵狗。」徒弟們七嘴八舌地說開了。

等徒弟們將心中的疑問一個個提出，漸漸地，大家恢復安靜，這時，老和尚開始說話了：「你們問了那麼多問題，可是，還有一個問題，你們都沒有提到 —— 土撥鼠哪去了？」

土撥鼠，獵狗追求的目標，可是由於兔子的出現，獵狗改變了目標，我們的思維也在不知不覺中打了岔，土撥鼠竟在我們的頭腦中消失了。故

事很簡單、很通俗，但生活中，我們卻常常像獵狗一樣被突如其來的兔子打斷，忘了自己的初衷，最後一無所獲。

我們有時會被風光迷住，有時會被枝微末節打斷，有時會被一些瑣事分散精力，在中途停頓下來，迷失了方向，或走上了歧路，從而忽略了最初追求的目標。其實很多時候，我們離成功就差轉身的那一步。所以，務必要執守目標，保業守成。

伏久則高飛

「伏久者飛必高，開先者謝獨早。知此，可以免蹭蹬之憂，可以消躁急之念。」

—— 《菜根譚》

一位自認為懷才不遇的青年滿懷煩惱地去向一位智者尋求幫助。

青年抱怨道：「我大學畢業後，曾豪情萬丈地為自己樹立了許多目標，卻一直沒有發揮的環境和機會，幾年下來，依然一事無成。」

智者微笑著聽完青年的傾訴，說道：「來，你先幫我燒壺開水！」

青年看見爐上放著一把大水壺，可是灶裡並沒有柴火，於是便先出去找柴。很快，他就從外面拾回了一些枯枝，於是把水壺裝滿水，放在灶臺上，接著就開始在灶內燒起柴火來。

沒過多久，拾回來的柴火便燒盡了，而灶上的那一大壺水才剛剛開始有點溫度。沒辦法，青年只得跑出去繼續找柴火。好不容易又找來了大把柴火，壺裡的水卻已涼得差不多了。

年輕人見狀，想了想，吸取剛才的教訓，並沒有急於點火，而是再次出去找了些柴火。由於柴火準備得充足，水不一會兒就燒開了。

這時，智者說話了：「如果沒有足夠的柴火，你該怎麼把水燒開？」

青年想了一會兒，搖搖頭。

智者耐心說道：「如果那樣，就把壺裡的水倒掉一些。你一開始躊躇滿志，樹立了太多的目標，就像這個大壺裝的水太多一樣，而你又沒有足夠多的柴火，所以不能把水燒開。要想把水燒開，你或者倒出一些水，或者先去準備柴火！」

伏久則高飛

「伏久者飛必高，開先者謝獨早」，《菜根譚》所言甚是。隱伏得越久的鳥，飛得越高；盛開得越早的花，凋謝得也會越快。明白這個道理，就不必為懷才不遇而憂愁，並可消除急功近利、煩躁不安。

人要有所作為，就必須先充實自己。正所謂「厚積而薄發」，立業之前總要經歷一個默默累積的過程。如果還沒有什麼真才實學、過人本領就急於建功立業，那注定是要失敗的。累積的過程是漫長的，要耐得住寂寞，沉得住氣，一步一個腳印，不怠、不躁。如智者所言，若耐不住準備的過程，就只能把自己的目標降低，把水減少；可如果想燒一壺滿滿的水，就只有不斷地撿拾「柴火」，使人生逐漸加溫，才會有生命的沸騰！

負重人生

「一切重壓與負擔，人都可以承受，它會使人坦蕩而充實地活著，最不能承受的恰恰是『輕鬆』。輕鬆、安逸，是人們渴求的生活狀態，可實現這一狀態的前提條件，卻是負重。」

—— 作者題記

一艘貨輪將船上貨物卸載後隨即返航。行至大海中央，突然遭遇巨大風暴，船被狂風打得動盪搖擺，幾次險些被打翻。

在這危急時刻，老船長果斷發出命令：「立刻打開船上所有貨艙，往裡面灌水。」

水手們個個擔憂、懷疑：「將水灌入船艙裡？那可是險上加險啊，豈不是自找死路嗎？」

船長鎮定地向水手們解釋道：「大家見過根深幹粗的樹被暴風刮倒過嗎？被刮倒的都是那些沒有根基的小樹，大家相信我吧。」

水手們半信半疑地照著做了。雖然暴風巨浪依舊那麼猛烈，但隨著貨艙裡的水位越來越高，貨輪已漸漸地平穩了。

看著那些鬆了一口氣的水手們，船長再次解釋說：「大家知道，一只空桶，隨意的一陣風，就可以將其澈底打翻。然而裝滿水的桶就不同了，有了負重，就有了支撐，便可穩穩當當地矗立，就算狂風也難吹倒。同樣的道理，船在負重的時候，是最安全的；空船時，才是它最危險的時候。」

民間諺語說得好，「忍辛負重的耕牛，留下的腳印最清晰」，「人無壓力輕飄飄，井無壓力不出油」。

負重人生

　　負重，人生何時不需要呢？治學，負重，是勤奮地汲取，是博觀、厚積；為人處世，負重，是持續不斷地付出，是一種忍耐、一份責任、一股源源不斷的動力。若無負重，學問上根底淺，做人腹中空，浮於表面的安逸享樂，胸無大志，一陣利誘之風就將其吹得搖擺不定，一場苦難之風，更能將其徹底打翻。

　　天行健，君子以自強不息！生命需要承載，只有負重前行，人生的足跡才得以清晰深刻。

過則勿憚改

「君子之過也，如日月之食焉；過也，人皆見之；更也，人皆仰之。」

—— 子貢

古時，有位禪師精通卜算之術，常常幫人排憂解難，深受人們尊重。

一天，這位禪師給自己算了一卦，卦底卻讓自己大吃一驚，原來卦上說，後天凌晨啟明星消失時將是他的死期！

得知自己的生命即將結束，禪師自然很悲傷，可他很快又看開了，於是平靜地把這個消息告訴了他的弟子，接著又匆匆地安排了自己的後事。一切準備完畢，禪師就開始靜靜等待死神的到來。

一天的時間過得飛快，倏忽間便到了禪師的死期。許多人都來為這個得道禪師送行。

太陽就要爬出地平線了，啟明星異常明亮。禪師從容地登上藏經閣，打開窗戶，只見樓下站著密密麻麻的人們靜靜地為他祈禱。

朝霞漸漸染紅了東方的天空，禪師的身體依然沒有任何不適。他實在想不出，滅頂之災將會以怎樣的方式降臨。

可憐的禪師不由得擔心起來：到了那個可怕的時刻，卦底若是出現些許差錯，豈不壞了幾十年苦心經營的名聲？老臉往哪裡放？啟明星漸漸變暗，變暗……呀，啟明星消失了。人們都在歡呼雀躍祝賀禪師倖免於難。

禪師卻縱身一躍，毅然從藏經閣上跳下！

子貢言，發生日食和月食的時候，太陽、月亮會被黑影遮住，但黑影不會永遠掩住太陽、月亮的光輝。君子犯錯也是同樣的道理，有過錯時，

就像日食、月食，暫時讓自己有汙點，有陰影；可一旦坦然面對自己的錯誤，並改正錯誤，陰影便會散去，君子原本的人格光輝又煥發了出來，仍然會得到人們的敬仰。

　　人非聖賢，孰能無過；過而改之，善莫大焉。面對錯誤，光明磊落，誠懇改正，依然能夠重拾別人的信任與尊重；相反，如果一味地在乎別人的看法，文過飾非，將錯就錯，那麼只會讓自己的汙點放大，永遠停留在錯誤的陰影裡而一錯再錯。

持志如心痛

「持志如心痛，一心在痛上，豈有工夫說閒話，管閒事？」

—— 王守仁

《莊子·田子方》講述了這麼一個故事：

列禦寇箭術精湛。一天，他被邀請去為一個名為「伯昏無人」的人表演射箭。為了表現箭術水準之高，列禦寇在拉滿弓弦後，又將一杯水放置於手肘上，於是發出第一支箭，箭還未至靶，緊接著又搭上了一支箭，剛射出第二支箭而另一支又搭上了弓弦，就這樣，手肘上的水杯紋絲不動，而所射之箭支支直入靶心。

就在這個時候，伯昏無人看到列禦寇的神情像木偶似的一動不動，便說道：「你之所以能箭箭入靶心，因為這是有心射箭的箭法，還不是無心射箭的箭法。我想跟你登上高山，腳踏危石，面對百丈深淵，看你那時還能射箭嗎？」

於是伯昏無人帶著列禦寇登上高山，腳踏危石，身臨百丈深淵，然後再背轉身來慢慢往懸崖退步，直到部分腳掌懸空，這才拱手恭請列禦寇跟上來射箭。而列禦寇卻伏在地上，嚇得汗水直流到了腳後跟。

伯昏無人說：「一個修養高尚的『至人』，上能窺測青天，下能潛入黃泉，精神自由奔放達於宇宙八方，神情始終不會改變。如今你膽戰心驚，有了眼花恐懼的念頭，你要射中靶的不就很困難了嗎？」

「持志如心痛」，當心痛之時，所有的感覺只集中在痛處，無法顧及其他感受。如果守持自己的心志意念能像心痛時一樣專注，周邊的環境、話

語等各種外物怎麼還能影響到自己呢？不管是手肘置水杯，還是腳踏危石、身臨百丈深淵，只要將所有意念都放在如何射箭之上，其他的種種又有何分別呢？它們不過都是「閒事」而已。守持心志，一心只想著眼前要做的事情，自然其他閒話都聽不進，其他閒事都看不見。

守持心志需要的是一份淡泊、一份寧靜。諸葛亮說，「非淡泊無以明志，非寧靜無以致遠」。淡泊，不在乎名利，不在乎結果，平常心自然而來；寧靜，不留戀形形色色的誘惑，不掛念紛紛擾擾的是非，何愁不能專注呢？

「持志如心痛」，做到這點，才能讓我們不在憤怒中爆發，不在恐懼中退卻，不在欲望中放縱……才能將自己的時間、精力和智慧凝聚到所要做的事情之上，如此，才能學有所成，勞有所獲。

人生瓶子

「人生有如一個瓶子，人們盡其一生都在往瓶子裡裝東西，於是裝出了萬千人生。這『裝』是有學問的，學問就在乎取捨，在乎輕重緩急⋯⋯」

—— 作者題記

有一位商人想做很多事情，但既感到力不從心，又感到只做有限的幾件事獲利不多。因此，怎樣才能獲得更多的利益不斷困擾著商人，讓他總是心情不暢。為了排解心頭的苦悶，他找到一位有名的禪師請教。

禪師耐心地聽完商人的訴說，沒說什麼，拿來一個廣口的瓶子，和一些石頭，讓他往裡面裝石頭。

商人不明其意，但還是照做了，很快，石頭就將瓶子裝滿了。

禪師問商人：「還能再裝嗎？」

商人回答說：「不能裝了。」

禪師於是拿出一些碎石子讓他往瓶子裡裝，結果又裝進去很多。

禪師又問：「這下還能裝嗎？」

商人瞪大眼睛看著禪師：「不能了吧？」

禪師笑了笑，又拿出一些細沙讓他往瓶子裡裝，結果，又裝進了很多沙子。

裝完後，禪師問商人：「還能再裝嗎？」

商人這回沒有迅速回答，左思右想了半天，肯定地說：「嗯，這下是肯定不能再裝了。」

禪師聽完，微笑著提起桌上的茶壺就往瓶子裡倒水。倒了近半壺水才將瓶子裝滿。

人生瓶子

商人見狀，豁然大悟，趕緊向大師叩謝道：「感謝大師賜教，讓我茅塞頓開。」

「你悟到了什麼？」禪師慈祥問道。

「人的精力和時間就好像這個瓶子一樣，看似空間不多，只要願意擠，總會有的；而且，我的人生也如這個瓶子，不僅可以裝石頭，也可以裝下碎石、細沙、水……我可以讓我的人生變得豐富多彩。」商人自信滿滿地說。

禪師邊聽邊點頭，最後說：「你說得很好……不過，我還想給你補充一點，務必要記得先裝大的石頭啊！」

商人又一次頓悟，拜謝了禪師，如獲珍寶似的欣喜歸去。

人生如同一個瓶子，你可以讓它裝得扎扎實實，你可以讓它裝得豐富精彩。當你在生活中覺得力不從心，覺得時間緊迫時，換個思維考慮問題，一定能找到更多方法，能擠出更多時間；當你在生活中執迷於一個方向而筋疲力盡之時，也不妨轉個方向，一定能走出別的更精彩的道路，收穫多元的人生。

當然，禪師的提點是精闢的，我們要時刻記著先裝我們人生裡的「大石頭」。因為同樣是一個瓶子，同樣是那麼多東西，假如順序不對，一開始就先將瓶子灌細沙或者填滿碎石，那麼對我們而言極為重要的「大石頭」將永遠也放不進我們人生的瓶子了。

那麼，「我的人生瓶子要裝些什麼？」「我人生的大石頭是什麼呢？」問問自己吧，然後，把它們依次放進人生的瓶子裡。

後退其實是向前

「手把青秧插野田，低頭便見水中天；
六根清淨方為道，後退需知是向前。」

—— 布袋和尚

在一個禪院裡，學僧們聚在一幅牆前討論著一幅剛剛完成的壁畫。

大家給這幅畫命名為《龍爭虎鬥圖》。只見這畫栩栩如生：一條威武的長龍在雲端盤旋向下，長龍下方的山頭上，一隻老虎正做出凶猛之勢，欲撲向空中之龍。

雖然龍虎的外形都已畫得形象逼真，可學僧們總覺得圖中缺少點什麼，大家一起議論著如何修改，但改來改去，都不滿意。

就在這時，禪師從外面回來，學僧就請他點評。

禪師看了看，便說：「龍和虎的外形畫得不錯，但龍頭不該朝下而應朝上，相反，虎頭不該向上而應向下。」

「長龍要攻擊下方的老虎，頭自然要低下來看著老虎；而老虎要向上撲去，怎麼可能會低著頭呢？」學僧們聽得一頭霧水。

禪師不緊不慢地解釋道：「龍與虎的特性你們了解多少呢？既然是龍爭虎鬥圖，你們就應該明白，龍在攻擊之前，頭必須向後仰；虎要上撲時，頭必須向下壓低。龍頸向後的屈度越大，才能衝得越快；虎頭越貼近地面，才能集聚更多力量以便跳得更高。」

學僧們這才恍然大悟。

俯得越低，跳得越高；後仰，才能衝得遠；後退，原來是向前。

為人處事的道理何嘗不是如此。懂得低頭後退，才能成事，正如老子

後退其實是向前

所言：「以退為進，以與為取」，退一步準備之後，會衝得更遠；謙卑反省之後，爬得更高。

「手把青秧插滿田，低頭望見水中天，六根清淨方為道，退步原來是向前」，布袋和尚的這首詩偈就很好地說明了這個道理：我們看到農夫插秧都是躬著身子，一步一步向後倒著插的，看起來農夫的腳步是向後不斷退讓，實際上卻是一步步前進，因為他後退的同時卻將秧苗插滿了整個農田。

我們為人處事也該這樣，當進則進，當退則退；當高則高，當低則低。進退有據，高低有時，後退其實也是向前。

杯在壺下

「不實心不成事，不虛心不知事。不自是者博聞，不自滿者受益。」

—— 佚名智者

一個熱愛繪畫的年輕人千里迢迢來到法門寺拜訪這裡的住持釋圓和尚。

年輕人一看到釋圓和尚，便急切地抒發自己內心的不快：「我一心一意要學丹青，但至今沒有找到一個令我滿意的老師，許多人都是徒有虛名，有的畫技還不如我。」

釋圓和尚聽了，淡淡一笑說：「老僧雖然不懂丹青，但也頗愛收集一些名家精品。既然施主畫技不比那些名家遜色，就煩請施主為老僧留下一幅墨寶吧。」

「畫什麼呢？」

「老僧最大的嗜好，就是愛品茗飲茶，尤其喜歡那些造型流暢古樸的茶具。施主可否為我畫一個茶杯和茶壺？」

「這還不容易。」年輕人胸有成竹地鋪開宣紙，寥寥數筆，就畫成了一個傾斜的水壺正徐徐吐出一脈茶水，注入到那茶杯中去。

「怎樣，這幅畫您滿意吧？」年輕人得意地問道。

釋圓微微一笑，卻搖了搖頭，說：「你畫得是不錯，只是將茶壺和茶杯的位置放錯了，應該是茶杯在上，茶壺在下啊。」

「大師為何如此糊塗哪，有茶杯往茶壺裡注水的？」年輕人笑道。

「既然你也知道茶杯在壺下的道理，為何卻總將自己要學畫的茶杯高

高擺在上呢？你渴望自己的杯子裡能注入那些丹青高手的香茗，但你總是將自己的杯子放得比那些茶壺還要高，香茗怎麼能注入你的杯子呢？」

水滿則溢，地凹則蓄，潤穀把自己放低，才能得到一脈流水，

做人，做學問也是如此。孔子言「敏而好學，不恥下問」。高者都不恥於向學問低者求教，更何況初學者，如果不能謙虛自省，又怎麼吸納別人的智慧和經驗？

虛懷若谷

「敦兮其若樸，曠兮其若穀。」

—— 老子

一個寺院裡收留了一個孤兒。

孤兒頭腦靈活、反應敏捷，一看就知是個聰明的孩子。法師給孤兒剃髮沐浴後，從此，寺廟裡邊多了一個乾淨俐落的小沙彌。

法師除了對小沙彌的生活起居關照有加，還每天對其苦口婆心、循循善誘。聰明的小沙彌悟性不錯，對於法師所授知識，學得飛快。可是，小沙彌一旦領悟了某個禪理，就一遍遍地向法師和其他的僧侶炫耀；更可笑的是，法師為了鼓勵他，剛剛誇獎他幾句，他馬上就在眾僧面前耀武揚威，甚至不把任何人放在眼裡，大有唯我獨尊、不可一世之勢。

法師也發現了小沙彌存在著心浮氣躁、驕傲自滿的致命弱點。一天，他把一盆含苞待放的夜來香送給這個小沙彌，讓他在值更的時候，注意觀察一下花卉的生態狀況。

第二天一早，還沒等法師找來，小沙彌就欣喜若狂地抱著那盆花一路招搖地找上門，當著眾僧的面大聲對法師說：「您送給我的這盆花太奇妙了！它晚上開放，清香四溢，美不勝收。可是，一到早上，它便又收斂了它的香花芳蕊……」

法師微笑，溫和地問道：「它晚上開花的時候吵你了嗎？」

「沒，沒有，」小沙彌高高興興地說，「它開放和閉合都是靜悄悄的，哪會吵我呢？」

　　法師以一種特殊的口吻說：「老衲還以為花開的時候得吵鬧著炫耀一番呢。」

　　小沙彌愣了一下，臉唰地一下就紅了，羞愧地對法師說：「弟子知錯了！弟子知錯了！」

　　《菜根譚》有言：「聰明人宜斂藏，而反炫耀，是聰明而愚懵其病矣！如何不敗？」一個聰明的人，應該保持謙虛有禮、不露鋒芒的態度，而非處處炫耀。驕傲自大之人看起來很聰明，實際上，其言行與無知者並無差別，其人生、事業也極易受挫、失敗。

　　人生大病，只此一「傲」字。傲，不免流於張揚、浮誇、驕縱、狂妄；傲，讓人鬆懈自滿，停滯不前；傲，讓人目空一切，陷入險境而渾然不覺，以至粉身碎骨。

　　滿招損，謙受益。身懷絕技、學識淵博之士，往往是些大智若愚之人，他們從不會花費時間和精力去炫耀，而是在穩健、低調、謙虛中不斷去增進、完善。正如低凹之穀，因為低，才得以容納。

專注

「萬理澄澈，則一心愈精而愈謹。一心凝聚，則萬理愈通而愈流。」

—— 《菜根譚》

一個信徒問慧海禪師：「您是有名的禪師，請問，您可有什麼與眾不同的地方？」

慧海禪師聽完，直言：「有。」

「是什麼呢，能否告知與我？」信徒急切想知道答案。

慧海禪師答：「我感覺餓的時候就吃飯，感覺疲倦的時候就睡覺。」

信徒聽了有些失望，再問：「這算什麼與眾不同的地方，每個人都是這樣的，有什麼區別呢？」

慧海禪師答：「當然是不一樣的！」

「那究竟有何不一樣呢？」信徒又問。

慧海禪師慢慢解釋說：「他們吃飯的時候總是想著別的事情，不專心吃飯；他們睡覺時也總是做夢，睡不安穩。而我吃飯就是吃飯，什麼也不想；我睡覺的時候從來不做夢，所以睡得安穩。這就是我與眾不同的地方。吃飯便是吃飯，睡覺便是睡覺……做任何事都一心一意，你便與眾不同。」

慧海禪師繼續說道：「一心一用，本來不難，可當人們在利害中穿梭，囿於浮華的寵辱，產生了種種思量和千般妄想，便無法專注。世人在生命的表層停留不前，這是生命中最大的障礙，人們因此而迷失了自己，流失了一份心如止水的平常心。其實，只要將心靈融入世界，用心去感受自己

專注

脈搏的跳動，便能穿過層層迷霧，找到生命的真諦。」

信徒聽後，如醍醐灌頂，帶著對禪師的敬意叩首告別。

吃飯、睡覺本為簡單平常之事，然而當生活中有了吃飯睡覺以外的其他事情後，吃飯便不再是單純的吃飯，睡覺也不再是單純的睡覺。同樣的道理，學習、工作、待人等生活裡的枝微末節、芝麻綠豆般的簡單小事，一旦攙入各種私心雜念，簡單之事便難以簡易處之。

誠如慧海禪師所言，無法專注，只因私心雜念過多而讓自己失去了平常心。因此，要專注，首先就要拋開雜念，不要過多地去考慮成敗得失。將所有注意力都放在當下要做的事情上，全心投入，心無旁鶩，即便遇到誘惑，遭受困難，也要不為所動，將自己的精力與智慧、集中於當下之事，直至成功。

小聰明還是大智慧

「耍小聰明者,自以為是,而真正有大智慧者,善轉『是』念。」

—— 作者題記

一位修行者千里迢迢地來到盤圭禪師講經處所聽其講經。

可當禪師說到一半時,這個修行者卻站起來打斷了禪師。

他對禪師說:「禪師,我知道很多人都很敬仰你;但你可否知道,今天的群眾中卻有一個人不服你。」

禪師面帶笑容問道:「哦,是誰呢?」

修行者趾高氣昂地回答:「就是我,我不服你!」

禪師依然面色從容地說道:「哦……你是來與我討論佛法嗎?那就請你過來吧!」

這位修行人聽完,想也沒想,就走向禪師,準備與他理論一番。

看著修行者走了過來,禪師接著對他說:「還是請你先到那邊去吧。」

修行者也沒說什麼,只是照著禪師所指的方向走了過去。

禪師又說:「不對,是這邊!」

修行人又走到另一邊。

最後禪師說:「感謝你服了我。」

修行人愣了片刻才明白過來,尷尬地笑了。

人可以自信,但不可自大,更不可自以為是、目空一切地在人前耍小聰明。要知道,人一旦耍小聰明,就已經走進了愚笨的迷霧裡。

永遠不要以為自己很聰明,不自滿,才有上進的空間;不自滿,才能

理智地看待問題；不自滿，才不至於鬧出自以為是的笑話而醜態百出。

　　同樣，真正的智者，是虛心、從容、淡定的。對於那些自以為是之人的無理取鬧、無端挑釁，有智慧之人不會與其糾纏、計較，而是以包容的心，從容地善轉「是」念。

冷暖自知

「耳聞之不如目見之，目見之不如足踐之，足踐之不如手辨之。」

—— 劉向

定上座是臨濟禪師的學生，承襲老師的峻厲風格，定上座給人授業也是十分嚴格。

據《碧岩錄》記載，有一次，定上座化齋回來，坐在橋上休息。這時，有三個僧人在橋上議論禪經。

其中一個僧人問：「所謂『禪河深處須窮底』到底是怎麼一回事呢？」

定和尚聽了，怒氣衝衝地跑過去，抓住那個提問的人，要往橋下扔。

另外倆人嚇得連忙討饒：「請別扔！請別扔！這廝冒犯了上座，實在該當大罪。望和尚發發慈悲，饒他一死。」

定和尚憤憤地說：「如果沒有二位相勸，我今日非叫他去河底探探看。」

「禪河深處須窮底」，僧人不明其意，便去求教，卻招來定上座如此激烈的反應，似乎讓人不易理解。其實，定和尚火冒三丈，怒的是這僧人只會發問，自己不體驗，是凡心太重，不能開悟。要想知道禪河之深淺，只有自己進去體驗，才能領悟。正如佛家常言，「各人的生死各人了，各人的田地各人耕」，生活需要自己去體驗，生命只有自己才能實踐。

「紙上得來終覺淺，絕知此事要躬行。」學習可以複製，工作可以複製，方法可以複製，成功可以複製 —— 但人的思想感悟卻無法複製。要想自己有所增進，就要善於自己去體驗、思考、感悟。不同的人生體驗給

冷暖自知

　　每個人所帶來的人生感悟是千差萬別的，別人的想法無法替代你的想法，
正是，「如人飲水，冷暖自知」。

執著拜倒，不如大膽超越

「治學，不唯書、不唯上、不唯權威。」

—— 作者題記

一個和尚十年如一日地跪在佛像前默誦著經文。由於修煉了多年仍未能立地成佛，和尚感到十分苦悶、彷徨，成日無精打采。

一天，寺廟裡來了一位著名的哲人。

「尊敬的哲人，久仰久仰！今日能與您謀面，真是前世造化！」和尚看到哲人，來不及站起，就激動得顫顫巍巍地說，「今有一事求教，懇請指點迷津：偉人何以成為偉人？比如說，我們面前的這位佛祖……」

「偉人之所以偉大，是因為我們跪著……」哲人從容地說道。

「是因為……跪著？」和尚怯生生地瞥了一眼佛像，又欣喜地望著哲人，「這麼說，我該站起來？」

「是的！」哲人向他打了一個起立的手勢，「站起來吧，你也可以成為偉人！」

「什麼？你說什麼？我也可以成為偉人？你……你……你這是對神靈、偉人的貶損！」說著，和尚雙手合十，連念了兩遍「阿彌陀佛」。

「與其執著拜倒，不如大膽超越。」哲人像是講給和尚，又像自言自語，頭也不回地走了。

「超越？呸！」和尚聽了哲人的話如驚雷轟頂，「這瘋子簡直是褻瀆神靈！罪過！罪過！」說著，虔誠之至地補念了一遍懺悔經。

「與其執著拜倒，不如大膽超越」，這才是正確的治學之道。不迷信權

威，不執著教條，勇於質疑，勇於探索和創新，如此，學問才可增進。

　　要想成為偉人，就要站起來！長久地跪著，只會讓自己習慣自己的卑微，滿足於自己那狹小的視野。站起來，是一種積極的人生心態，是一種攀登超越的勇氣；站起來，有了自信和勇氣，才能突破自己，超越別人。

憂患與優勢

「居逆境中，周身皆針砭藥石，砥節礪行而不覺；處順境中，眼前盡兵刃戈矛，銷膏靡骨而不知。」

——《菜根譚》

一個老和尚吩咐自己的三個弟子出去分別辦些事情。

早上，天剛亮，大弟子帶了一把傘，二弟子拿了一根拐杖，三弟子什麼也沒有拿，這樣，三個弟子就相繼出門了。他們出門沒多久，忽然就下起了一陣暴雨。

晚上歸來，出乎意料的是，拿傘的大弟子被淋得渾身是水，拿拐杖的二弟子跌得渾身是傷，什麼也沒帶的小弟子卻安然無恙。

大弟子和二弟子看著小弟子安然無恙，很是納悶，便問：「你什麼都沒帶，怎會沒有事呢？」

小弟子沒有回答，而是問拿傘的大師兄：「你為什麼會淋溼而沒有摔傷呢？」

大弟子說：「當大雨來到的時候我因為有了傘，就大膽地在雨中走，卻不知怎麼淋溼了；當我走在泥濘的路上時，因為我沒有拐杖，就走得非常仔細，專揀平穩的地方走，所以沒有摔傷。」

然後，小弟子又問拿拐杖的二師兄：「你為什麼沒有淋溼而摔傷了呢？」

拿拐杖的二弟子說：「當大雨來臨時，我因為沒有帶雨傘，便揀能躲雨的地方走，所以沒有淋溼；當我走在泥濘坎坷的路上時，我用拐杖拄著走，卻不知為什麼常常摔跤。」

小弟子聽後笑笑說：「這就是為什麼你們拿傘的淋溼了，拿拐杖的跌傷了，而我卻安然無恙的原因。當大雨來臨時我躲著走，當路不好走時我細心地走，所以我沒有淋溼也沒有跌傷。」

「你們的失誤就在於你們有憑藉的優勢，認為有了優勢便少了憂患。」這時，從師父房裡傳來這麼一句話。生於憂患而死於安樂，因為有優勢而驕傲鬆懈，沒有憂患之思；沒有優勢卻有憂患，因此多了小心謹慎而能安然應對變化。人大多數時候不是栽在自己的缺陷上，而是敗倒於自己的優勢下。

難怪紀曉嵐曾言，「蓋天下之患，莫大於有所恃」。

永遠的財富

「什麼樣的財富值得你一生追求？什麼樣的財富是別人偷不走，搶不了而永遠屬於你自己的？那就是智慧！」

—— 作者題記

有個老人在河邊釣魚，一個小孩在一旁看得出神。

老人有著嫻熟的釣魚技術，沒多久就釣上了滿簍的魚。小孩見老人一陣功夫釣了那麼多魚，在一旁拍手歡呼。

老人見小孩很可愛，便對小孩說：「小朋友，你看得這麼出神，想吃魚吧？我把這整簍的魚都送給你吧。」

出乎意料的是，小孩搖搖頭拒絕了。

老人驚異地問道：「這滿滿一筐魚都給你，你為何不要？」

小孩沒有回答，老人想了想笑道：「是不是嫌魚少，怕吃完就沒有得吃了？這樣吧，我把魚竿送給你，這樣你就可以自己釣了，想要多少釣多少？」

哪知，這小孩依然搖搖頭。

「那你究竟想要什麼呢？」老人不解地問道。

「我想要你教我釣魚！你要是給我魚，吃完就沒有了；給我魚竿，我又不會釣魚；你教我釣魚，我學會的知識就是我自己的了，就不用擔心它會丟。」孩子用充滿童真的聲音說道。

老人點點頭，忍不住撫摸著孩子的頭，和藹地說道：「好一個聰明的孩子！」

「授人以魚，不如授人以漁。」小孩的聰明，不僅在於他能夠掌握重

點，明白方法的重要性，更重要的是，他看到了一個很多人都看不清的事實：智慧是永遠屬於自己的，沒有人能奪走，而且不會失去。

學習中的人，只在乎結果，在乎分數；工作中的人，也只看重結果，看重工作的報酬及名譽。殊不知，這些東西，擁有再多，也會失去。只有在其過程中學到的知識和獲取的智慧才是真正屬於自己的，無論環境如何跌宕起伏，自己已經收穫的智慧都不會失去，任何人都奪不走。

智慧，才是人生中唯一永遠屬於自己的財富。

行動需要導航燈

「一個人沒有目標，就像一艘輪船沒有舵一樣，只能隨波逐流，無法掌握航向，最終擱淺在絕望、失敗、消沉的海灘上。」

—— 作者題記

一位禪師帶領著弟子一起在田裡插秧。

禪師捲起褲管，彎下身來，將秧苗一株一株地插入田間。弟子也學著禪師的模樣，認認真真地插起來，他喜滋滋地插完一排秧苗，站起身來，想欣賞一下自己的成果，卻看到自己插的秧苗歪歪扭扭，再看看師父的，卻插得整整齊齊，猶如用尺子量過一樣。

「這次一定要更認真一些，不要再插歪了。」自言自語完，弟子又一次彎下身，拿起秧苗，一株接著一株，仔細地插起來。好不容易，又插完了第二排。「這次一定能像師父插的那樣好了」弟子得意地想著。

然而，弟子站起身來回頭一看，這排秧苗竟然彎曲成一條弧線。「這可是我很認真插的，怎麼還是不筆直呢？」

禪師聽見弟子的嘟噥，便抬起頭來對他說道：「你應該找個目標，邊插邊盯著它看啊。」

弟子頓悟，終於找到原因了，於是他按照師父的指點，又插了一排，這次，他可是信心滿滿的。可插完抬頭一看，這次竟插成一條蛇的形狀。

「怎麼會這樣啊？」弟子沮喪地說道。

「你找目標做參照了嗎？」師父問。

「有啊，我盯著前面那頭吃草的水牛看，那可是一個大目標啊！」弟子答道。

　　禪師聽完，笑道：「水牛邊吃草邊走，而你插秧苗時也跟著水牛移動，怎麼能插直呢？」

　　弟子恍然大悟。這次，他選定了遠處的一棵大樹，果然秧插得都很直。

　　人們或多或少都有過弟子這樣的經歷：沒有目標，沒有方向，

　　一會這樣，一會那樣，最後事情歪歪扭扭，一團糟；有了目標，可目標卻不固定，一時往左，一時又往右，跟隨著這樣的目標，事情又怎麼能做好？

　　目標是行動的導航燈。沒有目標，人就會漫無目的地遊蕩，隨波逐流，變得好逸惡勞，閒散懶惰；有了目標，但不明確、不固定，即使再怎麼勤勤懇懇，也只是浪費精力，空忙一場。

　　偉人與凡人、成者與敗者的差距，就在於眼光的高度，在於人生目標的選取，在於做每一件事之前目標的設立，然後朝著確定的目標前進，不走遠路，不繞彎路，風雨兼程，直至到達終點。

第一步，是成功的一半

> 「許多事情沒有成功，不是因為它有多難，而是因為你沒有開始。」
>
> —— 作者題記

日本的鐵眼禪師是第一位發願要刻日文版《大藏經》的人，同時，他還要建一個佛的金身。要完成這兩件功德無量的大事，實在是太困難了，首先，就要籌集到一大筆善款，這談何容易，可鐵眼禪師立下了誓願，絕不退縮。

鐵眼禪師不得不四處向路人乞討施捨。

他來到集市裡，見前方走來一個武士，立刻就鎖定了這個目標。

禪師快步走到武士面前，施禮說道：「貧僧發誓塑造佛的金身，請施主捐一點吧！」

可誰想，武士都沒有正眼看他，彷彿沒有聽見，大搖大擺地走了。鐵眼禪師並不灰心，也不介意武士冷冷的態度，繼續緊跟在武士身後遊說。可不管他怎麼說，武士也毫不搭理，竟然這樣一直走了十多里路程！

禪師正在想著要不要放棄，這時候，武士竟然轉過身來，無可奈何地隨手扔下一文錢。

鐵眼禪師喜出望外，興奮地從地上撿起那文錢。

武士感覺十分奇怪，問：「一文錢也值得你這麼高興啊？」

鐵眼禪師回答說：「這是貧僧靠行乞修建佛金身的第一天，如果不能化到這一文錢，或許貧僧的志向就會產生動搖啊。現在承蒙您慷慨施捨，貧僧對於成就大願已經確信無疑了，所以感到無限的欣喜啊！」

鐵眼禪師說完，按照原路回去繼續化緣。

有了這個好的開始，禪師更是堅定決心，努力地籌集善款。暑去寒來，歷經十年風雨冰霜的日子，鐵眼禪師終於湊足了資金，完成了自己的大願。

好的開始是成功的一半。要創造好的開始不容易，這需要有跨出第一步的勇氣，需要有遇到困難不放棄的堅持。好的開始，成功地跨出第一步，往往能給人足夠的信心和堅定的信念，給人希望，有了希望，便能克服種種苦難和恐懼，堅持到底。

誠如著名企業家馬雲所言：「今天很殘酷，明天更殘酷，但後天很美好。大多數人都死在了明天晚上，看不到後天的太陽。」

我思故我在

「心之官則思，思則得之，不思則不得也。」

—— 孟子

　　馬祖道一禪師曾是南嶽懷讓禪師的弟子，他出家前隨父親學做簸箕，後來父親嫌這個工作沒有出息，於是把兒子送到了南嶽懷讓禪師處學習禪道，在般若寺修行期間，馬祖整天盤腿靜坐，冥思苦想，希望有一天能修成正果。

　　有一次，懷讓禪師路過禪房，看見馬祖坐在那裡面無表情，神情專注，便上前問道：「你這麼呆坐在此，所做何事？」

　　馬祖答道：「我在參禪打坐，我看大師們都是這樣參禪的，這樣做才能修煉成佛。」

　　懷讓禪師聽完，默不作聲地離開了。

　　第二天早上，馬祖吃完齋飯準備回禪房繼續打坐，忽然看見懷讓禪師正神情專注地在井邊石頭上磨些什麼，於是他走上前去問道：「禪師，你在做什麼呀？」

　　懷讓禪師邊磨邊答道：「我在磨磚呀！」

　　「磨磚做什麼呀？」馬祖好奇地繼續問道。

　　「我想把它磨成一面鏡子。」懷讓禪師答完又繼續認真地磨起磚來。

　　「磚怎麼可能磨成鏡子呢？」馬祖納悶著小聲嘟噥道。

　　「磚不能磨成鏡子，那靜坐又怎麼能夠成佛呢？」懷讓禪師這時站起身來，反問馬祖。

馬祖頓時若有所悟，但又沒有完全開悟，於是立刻虛心向禪師問道：「弟子愚昧，請師父明示。」

「譬如牛在拉車，如果車不走了，你是用鞭子打車，還是打牛？參禪打坐也一樣，天天這樣坐禪，能坐地成佛嗎？」

磚不能磨成鏡子，靜坐自然不能成佛，關鍵在於悟。悟，其實也就是「思」，它是佛家的精髓，也是人生的精髓。

思考，能辨是非、明道理，能知善惡、感悲樂；也因為思考，有了凝神聚想、息思參省。思考，心鶩神遊，不可預知，奇妙無比，如此，才有了對簡單人生的豐富感悟。

「我思故我在」，思考，不僅伴隨學習的始末，更是貫穿著人生的始終。

人想有所獲，就要有所思！

處處皆生機，只在把握

「許多人浪費了整整一生去等待符合他們心願的機會。」

—— 尼采

有一個虔誠的佛教信徒，常年吃齋念佛，但因心中有罣礙，一直都未能修成佛法。

他心中的罣礙是何物呢？原來這個信徒並未真正懂得學習佛家智慧，而是過度痴迷於菩薩，一心只希望事事有菩薩保佑，眼中除了菩薩，容不下他物，更看不慣他人。

一次，他所住的村莊遭遇水災，大水漫淹了他的屋子，他趕緊爬到屋頂上躲避，可水慢慢地漲高，終於還是淹到了他的腳下。

信徒急忙念道：「大慈大悲救苦救難的觀世音菩薩，求求您趕快來救我呀！」

正當他聲嘶力竭高聲求救的時候，一位隔壁的村民划著一艘船向他駛來，「快上來，我載你到安全的地方。」村民善意地說道。

「我不要你們這個落後村子的人來救，我要觀世音菩薩來救我。」信徒竟然傲慢地拒絕了村民的好意。

村民沒辦法，只好划著船駛向別人去救其他人。

洪水繼續上漲，漲到了腰部，信徒更為著急了，再次大聲念道：「觀世音菩薩，快來救我啊！」

危急中，茫茫洪水中開來了一艘快艇，駕駛的人看到信徒已命懸一線，緊張叫道：「還好來得及！好危險哪！趕快上來。」

「哼！我一生最討厭科技，凡是機械的東西我都不喜歡，我要我所信仰的觀世音菩薩來救我。」信徒竟然不知好歹地又一次拒絕了。

隨著天色漸暗，洪水越漲越高，不覺已經漫過了信徒的胸部，頑固而又痴迷的信徒仍然仰天大喊：「菩薩，大慈大悲的菩薩，快來救救我吧……」

喊著喊著，洪水已經到了他的下顎，只要稍微再漲一點就要進入他的嘴巴了。就在性命危在轉瞬之際，突然空中來了一架直升機，一個外國人探出頭來向他大聲說道：「喂！我放下一條繩子把你吊上來，你趕緊抓住，再不走就來不及了。」

「你是外國人，我討厭你……我只要菩薩來救……」信徒話還沒說完，一陣洶湧的大浪襲來，把他淹沒在茫茫洪水中。

被淹死的信徒在另一個世界裡終於見到了菩薩，他很不滿地向菩薩抱怨：「我對您這般虔誠，一心稱念觀世音菩薩的聖號，在我被洪水淹沒時您怎麼可以不來救我呢？」

菩薩聽完，搖頭嘆道：「我救了你三次，可三次機會你都沒有把握……」

「三次，難道那小船、快艇和飛機都是？」信徒恍然大悟。

菩薩點點頭，什麼也不說就離開了，剩下信徒獨自一人懊悔不已。

「溪聲盡是廣長舌，山色無非清淨身」，世間無不充滿著無限的生機，處處都有菩薩慈悲的顯現，處處都有希望。執迷的信徒卻困於形式上的菩薩而忽略了真正意義上的菩薩，一次次放棄生的希望，直到走向絕望之時，他還未能幡然悔悟。

世人的悲哀又何嘗不是如此？四處尋找機會，可機會來臨卻不知把握，甚至在與其失之交臂時也全然不知；苦苦執迷於一個結果，卻一次又一次錯過身邊許許多多唾手可得的收穫……於是，在痴迷的等待和一次次

錯失中走向絕望，最後只能怨天尤人。其實，如果當初放下執念，用心去感受生活，積極去尋找而非消極等待，又怎麼會沒發現：人間處處是希望……

心境左右命運

「相由心生，境隨心轉。」

—— 佛家偈語

有一位叫阿羅漢的師父，一天在禪定中知道自己疼愛的小徒弟只剩七天的生命。師父看著這個乖巧的孩子，實在不忍心把這消息告訴他。

第二天，阿羅漢把小沙彌叫到跟前說：「孩子，你有好久沒有回家看望父母了，收拾行李回去和父母聚一聚吧！」

不知情的小沙彌雖然感覺到了師父的異樣，但是仍然高高興興地拜別師父回家去了。日子一天一天地過去。過了七天，小沙彌還沒有回來，雖然是斷了煩惱的阿羅漢，也難免為小徒弟的不幸遭遇而悵然傷感。當他心中正在為再也見不到徒弟而鬱鬱不樂時，小沙彌突然平平安安地回來了。

阿羅漢大為驚訝，牽著小沙彌的手上下打量地說：「你怎麼好好地回來了？你遇到什麼事了嗎？」

「沒有呀！」小沙彌迷惑地搖頭回答。

「你仔細想想看，有沒有看到什麼？做過什麼？」師父追問。

「噢，我想起來了。回家的途中，我經過一個池塘，看到一團螞蟻被困在水中，我撿了一片葉子，把牠們救上了岸。」小沙彌如實地回答，烏黑的眸子散發著喜悅的光芒。

師父聽了之後，再次入定觀看徒弟的命運：這個孩子不但去除了夭壽之相，並且有百年的壽命。

小沙彌怎麼也沒想到，自己的一念慈悲，不但救了螞蟻的性命，也改

變了自己的命運。

每個人的命運都由自己的內心所主宰。這「心」，指的是你的心情、心地，你的心之所想。你若成天悲觀憂鬱、心胸狹窄，你的人生只能處在陰天暗日裡；你若積極開朗、寬容豁達，你的人生就總是豔陽天。你若心地險惡，自私冷酷，你的命運注定波濤洶湧；你若心地善良，無私奉獻，你的命運定會風平浪靜⋯⋯命運對每個人其實都是公平的，你付出什麼，就得到什麼。

要想改變命運，就是這麼簡單，懷一顆慈悲心，助人助己；懷一顆豁達心，樂觀處世，人生美麗的境界就會到來。

手中的命運線

「力足者取乎人，力不足者取乎神。」

—— 柳宗元

一個出生貧困、生活坎坷、感情不順的女子帶著種種困惑去拜訪一位著名的禪師，希望得到禪師的指點。

女子見到禪師就問：「大師，這個世界上真的有命運嗎？」

「有的。」禪師回答。

「究竟我的命運怎樣，是不是我命中注定要窮困一生？」女子又問。

禪師讓她伸出右手，指給她看說：「你看清楚了嗎？這條橫線是愛情線，這條斜線是事業線，另外一條分隔號叫生命線。」

「依您所見，我的命運究竟如何呢？」女子顯出急切的焦慮。

禪師沒有馬上回答，而是讓她把手慢慢握起來，握得緊緊的。

「你現在告訴我，你那幾根命運線現在在哪裡？」禪師問。

「在我手裡面啊！」

「那命運呢？」

女子恍然大悟。

命運其實一直掌握在自己手裡！可是，我們卻常常被所謂的「命運」束縛，一旦看到別人工作、生活比較順利，就說因為「命好」；自己遇到了什麼挫折和困難，便全部歸結於「命不好」。

比如，「我的幸福是我掙來的，我的不幸是命運強加的。沒有戰勝命運，就是我的不幸；戰勝了命運，就是我的幸福。」

其實，我們不應再拿「命運」作為自己失敗的藉口和自我解嘲，不應再被命運拖著走，而應自信地看著自己掌中的命運，樂觀、積極地去行動，如果覺得命運不好，就努力去改變。苦熬不如苦幹，求神不如求己，勇敢地與命運結伴而行甚至領著命運走，才能開拓一片自己想要的天地。

閑坐任榮枯

「雲岩寂寂無窠臼，燦爛宗風是道吾；深信高禪知此意，閑行閑坐任榮枯。」
—— 草堂禪師

藥山禪師在庭院裡打坐，身旁坐了兩位弟子，一位叫雲岩，一位叫道吾，他忽然指著院子裡一枯一榮的兩棵樹，先問道吾：「那兩棵樹是枯的好呢？還是榮的好呢？」

道吾回答道：「榮的好。」

藥山再問雲岩：「枯的好呢？榮的好呢？」

雲岩答道：「枯的好。」

這時，正好一位姓高的侍者經過，藥山又以同樣的問題問他：「枯的好呢？榮的好呢？」

侍者回答道：「枯者由他枯，榮者任他榮。」榮，是一種積極熱情的處世態度；枯，是寧靜淡泊、清心寡欲的心態；榮枯任由它，則是順其自然、隨緣隨喜的境界。無論哪一種看法，其實都無所謂對錯，因為人生本就如此，很多事情，沒有標準答案，而需要我們超出是非、善惡、有無、好壞、榮枯等各種標準去相對看待，只要最終達到一種絕對真實和圓融的境界就足矣。

此心安處，即是吾鄉

「萬里歸來顏愈少，微笑，時時猶帶嶺梅香。試問『嶺南應不好』，卻道，『此心安處是吾鄉』。」

—— 蘇東坡

　　王定國名鞏，是蘇東坡的好朋友，也是宋代著名的文人。

　　蘇東坡遭遇烏臺詩案，王定國也不免受牽連而被流放到偏遠的廣西賓州。蘇東坡覺得很不安，於是給王鞏寫了好幾封信，表示歉意。誰知王鞏對此並不介意，反而告訴蘇東坡，自己已靜心從老莊哲學中找到出路，自求解脫。

　　五年後，王定國奉調回京，蘇東坡見到他，有些驚呆了，眼前的王定國並非如自己一樣因為命運多舛而變得兩鬢斑白，反而越活越年輕，如今白白胖胖的，臉色紅潤，齒白唇紅，完全不像受過五年苦的人。

　　於是兩人開懷暢飲，把酒作歌。席間，王鞏叫出了自己的歌妓柔奴。這柔奴蘇東坡以前是見過的，長得花容月貌，能歌善舞。這次王鞏被貶往廣西，柔奴一直跟在王定國身邊，在窮鄉僻壤生活了五年。與王定國相同的是，柔奴的容顏一點都沒有變老，反而越長越年輕，越長越漂亮。更重要的是，在柔奴的舉手投足間還透露著淡定平和的氣質，這是她以前所不具有的。

　　蘇東坡見柔奴有如此氣色和氣質，便問她：「你的家人都在京城，你一個人跟主人在嶺南待了這麼長的時間，那裡風土不好，這些年夠辛苦的吧？」

　　柔奴聽完，淡淡一笑，然後安詳嫻雅地回答說：「此心安處，即是吾

鄉。」

　　蘇東坡聽了，感到非常的震撼：這麼一個柔婉嫵媚的女孩子，卻有如此灑脫、超然的心境，實在難得。

　　「此心安處是吾鄉」給了蘇東坡很大的啟示。這樣一種達觀超然的心境，讓蘇東坡受用萬分。以至於他在垂暮之年被貶到惠州，仍然曠達灑脫，忘懷於得失。

　　人生一世，總有在異鄉漂泊的經歷，短暫出行也罷，長期留駐也罷，故鄉，似乎總是遊子心頭繚繞不散的愁緒，人們留戀故鄉，是因為漂浮的心靈需要一個歸宿。

　　「此心安處，即是吾鄉」，心安，是怎樣一種境界？莊子有言：「古之真人，其寢不夢，其覺無憂，其食不甘，其息深深。」在任何處境中都能做到睡覺時不做夢，醒來時無憂愁，飲食不求精美，呼吸均勻深沉 —— 這，應該就是心安之真境界。看似簡單，卻非易事。經歷過人生的沉沉浮浮、陰晴圓缺，有幾人能真正心安；沉湎於繁華喧囂，欲望氾濫、心志迷茫，有幾人還能找到自己的心安之所？

　　心靈不安寧，無論在故鄉還是他鄉，無論隱居山林還是高居豪華別墅，都無法獲得歸宿感、幸福感。所以，我們都需要一份淡泊，一份超然，為自己的心靈覓一處安寧之所。

淡泊能滅心頭火

「從他謗，任他非，把火燒天徒自疲。我聞恰似飲甘露，銷融頓入不思議！」

——永嘉大師

　　宋代大儒張九成，有一次起了個大早，興沖沖地造訪妙喜禪師，得意洋洋地說：「打死心頭火，特來參喜禪。」

　　妙喜禪師一聽，就已知他的層次還不夠，還停留在口頭禪的階段，就故意拿話激他，說：「緣何起得早，妻被別人眠？」

　　張九成一聽禪師平白無故地說自己的夫人出軌，心中頓時生起了無明怒火，氣急敗壞地說：「無明真禿子，焉敢發此言？」

　　妙喜禪師微微含笑，不緊不慢地說：「輕輕一撲扇，爐內又生煙！」

　　一句話臊得張九成無地自容。

　　妙喜禪師略施小技，就把張九成還沒有「打死心頭火」，卻偏要自吹的事實揭露了出來。張九成聽了，深感慚愧。

　　別人的誹謗也好，非議也罷，就像那試圖要將天空燃燒而架起的柴火，可是，天不會因此被燒焦燒壞，所以那放火的人是枉費了心機的。同樣的，一個超越了是非毀譽的人，在面對詆毀誣陷時，依然如同在飲甘露一樣，有無量的受用自在，這樣的功夫，確實是不可思議。

　　然而身為常人的我們，往往很難達到這種境界，因為我們太在乎榮辱，太在意得失。以致於在判斷事實真相、衡量是非黑白時，我們都習慣於以別人的評判議論作為標準。如此，不但容易扭曲事實，更易讓自己煩惱纏身，心緒不安。

淡泊能滅心頭火

　　怎麼才能不理會閒言碎語呢？說到底，還是「淡泊」二字。看淡了榮辱得失，便能於利不趨，於色不近，於失不餒，於得不驕，更不會在意那些無謂的閒言碎語。有了這樣一種淡泊，自然就能保持內心的平靜豁達，懂得事實勝於雄辯、成敗自有定論、公道自在人心，就能「從他謗，任他非」而無須動容。

悠閒忙碌，恰到好處

「人生太閒，則別念竊生；太忙，則真性不見。故士君子不可不抱身心之憂，亦不可不耽風月之趣。」

—— 《菜根譚》

一次，孔子同自己的幾個學生聚在一起聊天，暢談人生理想和生活志向。

學生們有的說，「我能使一個小國家強大起來，不受大國欺負」；有的說，「我要努力發展經濟，使人民都富足」；有的說，「我喜歡去辦外交，主持些典禮儀式什麼的」。

最後孔子問正在彈琴的曾子，曾子說，「我與他們都不一樣，只想在春末夏初，穿上單薄的衣服，邀幾個人，到河裡洗洗澡，在河邊吹吹風，然後談笑放歌地回家」。

孔子立即說，「曾子的志向就是我的志向！」

一生為國為民憂心忡忡的聖賢 —— 孔子，也並非日以繼夜棲棲惶惶，忙碌之餘，他也會為自己闢出一處悠閒，他說曾子志向就是其志向，更道明了他的一種生活態度：悠閒忙碌，恰到好處。

我們說，玩物喪志，沉溺於風花雪月抑或縱情玩樂自然是為人所不恥。這不僅浪費時間，浪費生命，更重要的是會瓦解人的心志，使人墮落。然而我們是否就提倡每天忙得焦頭爛額、嘔心瀝血，置自己健康於不顧的生活呢？當然不是！生活固然要充實，卻不能忙得沒有喘息的時間。除了理想與事業，還有很多東西很重要，例如健康、親情、友情……人生忙碌也好，悠閒也好，重點在於懂得享受，享受刻苦努力、認真付出的充

實；也享受陽光雨露、清風明月的自在悠然。

智慧地生活，一句話：悠閒忙碌，恰到好處。

迷悟一念間

「迷則樂境成苦海，如水凝為冰；悟則苦海為樂境，猶冰渙作水。可見苦樂無二境，迷悟非兩心，只在一轉念間耳。」

—— 《菜根譚》

一個秀才進京趕考。臨考前，他住在一家客棧備考。

一天夜裡，秀才竟連續做了三個奇怪的夢：第一個夢是自己在牆上種白菜；第二個夢是下雨天，戴了斗笠的他卻還同時打著傘；第三個夢是自己跟心上人躺在一起，卻背對著背。

早上醒來，秀才覺得這三個夢似乎有些深意，於是趕緊去找算命的解夢。算命的邊聽邊搖頭，最後說道：「年輕人，此夢不吉啊。高牆上種菜不是白費勁嗎？戴斗笠打雨傘不是多此一舉嗎？跟心愛的人都躺在一張床上了，卻背對著背，不是沒戲嗎？看來你這次趕考，注定失敗啊！」

秀才聽完，心灰意冷，回客棧收拾包袱準備回家。

店老闆見狀，便問：「不是明天就要考試嗎？你怎麼就回鄉了，難道你不想考了？」

秀才將始末細細向老闆道明，哪知老闆聽後，笑顏逐開地說道：「年輕人，解夢，我也略有研究。依我所見，此夢可是大吉之夢啊！你想想，牆上種菜，就是高種（中）；戴斗笠打傘，正說明你這次有備無患啊；跟你心上人背對著躺在床上，就是告訴你，這是你該翻身的時候了！」

秀才一聽，喜出望外，於是振作起精神去參加考試，果然高中了個探花。

人生長路漫漫，各種境地我們都有可能會遇到，不管身處何處，我們

都該保持樂觀。凡事不應往壞處想，給自己平添煩惱、憂慮、恐懼以致作繭自縛，而應往好處想，給自己信心、勇氣和希望從而大膽前行，跨出成功的一步。因為成敗有時就在一念間，這一念，就顯得格外關鍵。只有充滿希望的那一「念」，才能引領我們積極地行動，走向幸福與成功。

大悟

「非上上智，無了了心。」

—— 佛家偈語

幾個和尚正在討論「大悟」之意，為此爭得面紅耳赤。意見不一、定論難下之時，他們幾個一起來到師父智禪大師的房裡尋求答案。

智禪大師什麼也沒多說，隨即帶著這幾個弟子，來到後山的李子林裡。樹頭上的李子大都熟透了，紫裡透紅的漿果，散發出陣陣誘人的芳香。

這時，大師先吩咐兩個弟子，從樹上採摘了一竹簍李子。隨後，讓在場的每一位弟子品嘗，李子的汁液像蜜汁一樣甘甜。

待大家品嘗過後，大師又帶著弟子走到一個小小的水潭前，他俯身掬起一捧潭水喝了一口，接著吩咐弟子們也嘗一下。

弟子們紛紛仿效師父的樣子，雙手捧起潭水大口喝起來。

「這潭水的水質如何呢？」大師問道。

弟子們用舌頭舔了舔嘴唇，回答說：「小潭裡的水，比我們捨近求遠擔來的水甜多了。往後，我們可以到這小潭來擔水吃呀！」

這時，智禪大師讓一個弟子提了一木桶潭水。然後，他們回到寺院。午膳之後，智禪大師讓每一個弟子都重新來品嘗一下從後山小潭打回來的水。

弟子們嘗過之後，大都將水從口裡吐了出來，一個個地皺起了眉頭。因為，這些水很澀，而且滿是一股腐草味。

大悟

智禪大師解釋道：「為什麼同一個小潭裡的水，卻有兩種不同的滋味呢？因為你們先前品嘗的時候，都吃過李子，口裡留有李子的餘汁，所以就把這水的澀給掩蓋了。」

眾弟子恍然大悟。

智禪大師看了看面前的徒弟，意味深長地說：「這世上有些事情，即使你我親自體驗過，也未必能觸及它們的本質。因為有些事情，往往一時會被繁華的假象給迷惑了。『大悟』就是這個道理呀，貴在有一顆平靜的心。」

「非上上智，無了了心」，上上智，其實就是一顆能客觀體察外物之心，說到底，就是一顆平靜的心。拋卻那些虛榮和繁華，撥開迷霧，便是大悟。

看破，放下，自在

「人有七情：喜、怒、憂、思、悲、恐、驚，其中，怒，讓人最為難以控制。
一旦怒氣湧出，內則傷及身體，外則傷及情誼，輕則傷及和氣，重則傷及人
命……如何遏止怒氣？

—— 看破，放下，自在。」

—— 作者題記

一位禪師非常喜愛蘭花，平日除了弘法講經，其他時間多用來栽種
蘭花。

有一天，這位禪師要外出雲遊一段時間，臨行前對其弟子囑咐：務必
要好好照顧寺裡的蘭花。弟子們都知道師父愛蘭如寶，自然不敢怠慢，每
日都細心照料蘭花。

然而，意外還是發生了。一日，小徒弟在澆水時不小心將蘭花架碰
倒，架上所有的蘭花盆都掉落地上摔個粉碎，蘭花凌亂地散了滿地。

弟子們個個驚恐不已，「弄壞了師父的寶貝，不知師父回來會不會大
發雷霆……」小徒弟更是自責不已，誠惶誠恐地等待師父回來，向師父賠
罪領罰。

不久，禪師回來了，聞知此事，不但沒有責怪弟子，反而安慰他們
道：「我種蘭花，一是希望用來供佛，二也是為了美化寺裡環境，不是為
了生氣而種的。」

「不是為了生氣而種蘭花」，禪師能「看破」，因為他雖然喜歡蘭花，
心中卻無蘭花這個罣礙；禪師能「放下」，因為他懂得，蘭花的得失不過只
是蘭花而已，若不儘早放下，只會讓損失擴大；禪師能「自在」，因為他深

知既成事實，怒也無助。

　　看破、放下、自在乃人生幸福之泉源。大事、小事盡力則罷，無須牽掛得太多，無須在意得太深。人生要快樂，就要懂得為自己的煩惱另闢一份安詳，時刻記著，任何事情，都不是為生氣而做。若能真正明白這一點，「看破、放下、自在」便不再困難。

操之在我

「操之在我，人生命運由自己掌控，此為人生最高境界。」

—— 作者題記

一個小和尚滿面愁容地跑來找老和尚，向其訴苦。

「師父，我聽到師兄他們一群人在討論什麼，什麼『操之在我』，我聽不懂。想了很久也沒想明白，您能告訴我是什麼意思嗎？」小和尚急切地問道。

「為師就先說個故事給你聽聽：

「有一天，地獄裡的趙判官到了陽間，跟甲乙兩個員外說：『你們兩個壽命都只剩下三個月，三個月之後，我會到你們府上搖鈴，在搖鈴聲中你們將隨我而亡！』

「甲員外回到府裡，望著自己的財寶，每天茶不思、飯不想。而乙員外卻覺得自己的萬貫家財快用不到了，於是開始為鄉里造橋鋪路、濟貧救困。

「三個月很快就到了！趙判官來到甲府，甲員外早就因為憂鬱而非常衰弱，趙判官還沒搖鈴，甲員外就倒地過世了。而乙員外，因為做了許多善行，村民都來感謝他，一時之間門庭若市、熱鬧不已，結果，任憑趙判官的鈴搖得再響，他也沒聽見，於是，乙員外自在地活了下去。」

聰明的小和尚聽完，突然醒悟了，高興離去。

操之在我，簡而言之，「不以物喜，不以己悲」，人生的前途、得失苦樂，都掌握在自己的手中。當你還為生活感到不如意、傷心、失望之時，

操之在我

要告訴自己，任何事情任何時候都可能有轉機，只要我們不「認命」、不妥協、不放棄，積極、主動、樂觀地去爭取機會，克服困難，就一定能為自己開闢一片天地，創造美好的人生。

看破生死即是福

「生死本是一條線上的東西。生是奮鬥，死是休息。生是活躍，死是睡眠。」

—— 郭沫若

在日本，仙崖禪師以其德行受到許多人的尊重。

有一位富商，十分敬重仙崖禪師，在其壽辰之日特地來拜訪他。

富商見到仙崖禪師，便請禪師為自己的大壽寫一些祝福的話，以祝願他的家族永遠興旺。

富商對仙崖禪師說道：「大師，拜請您賜予一句祝語，好讓我能夠把它當作傳家寶，世世代代傳下去。」

仙崖禪師點頭答應了，於是展紙研墨，大筆一揮，寫下六個字：

「父死，子死，孫死！」

富商一看，完全呆住了，隨後生氣地說道：「我是請您寫一些祝福我家世代幸福的話，您怎麼開這麼大的玩笑？」

仙崖禪師認真地說：「我沒有一點開玩笑的意思。」

富商疑惑不解地問：「這是怎麼說呢？」

仙崖禪師說：「這裡面的道理再清楚不過了。你想想看：假如你的兒子在你前面死，白髮人送黑髮人，你將十分悲痛；假如你的孫子在你兒子前面死，你和你的兒子都會更加悲痛。假如你的家人一代一代地，按照我所寫的次序死，這就叫享盡天年，這才是真正的興旺啊！」

富商聽了，為自己的失態深感羞愧。他用高額的禮金酬謝了禪師的教誨。

看破生死即是福

「生命，乃是死亡的開始。」人們避忌「死亡」，因為人們在死亡面前無能為力。然而避忌不提，不代表其不會來臨。相反，只有看破生死，超越生死，才能找到人生的真諦，積極處世，生活得更自在，更有價值。

生如夏花之絢爛，死若秋葉之靜美。看破生死即是福。

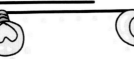

不昧因果

「萬法皆空，因果不空。」

—— 佛家偈語

唐朝禪宗大師百丈懷海說法時，常有一位老者前來聆聽。

一天，百丈說法結束後，這位老者徘徊不去。

百丈問他是誰，老者答：「我不是人，而是一隻狐狸。在過去迦葉佛時，曾是此山的住持，當時因為有人問我：『大修行的人，是否還會落於因果。』我說，『不落因果』，從此墮入狐狸身五百年。現在請和尚開示，好讓我能解脫野狐身。」

說完，老者沉默片刻，問：「大修行的人是否還落因果？」（有極大修行的人是否也受因果報應。）

百丈禪師答說：「不昧因果，不是不落因果。」

老人聽言大悟，作禮說：「我已脫離野狐身，住在山后，乞請老和尚以亡僧之儀為我埋葬。」

後來，百丈領著弟子們到山後岩下，以杖挑出一隻死野狐，以僧禮予以火化。

不落因果，不昧因果，一字之差，卻南轅北轍。百丈禪師告訴老者，即使大修行者，他們對於因果報應也清清楚楚、明明白白，他們同樣落入因果報應。

我們暫且不談佛家的「前世今生輪回」之說，只談今生今世，只說當下。一個人若以為自己不落因果，便心性放縱，恣意妄為，心智迷失，淪

為愚昧粗蠻的獸性，還處處挖坑設阱陷害別人，殊不知，自己終究會墮入自己所設的陷阱裡。唯有念念分明、不昧因果之人，才懂得約束自己，防範行為逾矩；才懂得「一飲一啄，莫非前定」，積極向善，助人助己，不斷提升。

不昧因果，在遭受果報（無論是身體病痛、逆境劫難還是他人惡意傷害）之時能坦然接受，泰然處之，不抱怨、不報復、不起心、不動念，這，才是大修行之人的境界。

既已失去，顧之何益

「瓦甌已破，不復能用，顧之何益？」

—— 《資治通鑑》

在一個偏僻的小村落裡供奉著一座神像。這座神像十分靈驗，尤其能夠保佑人們的健康，村落附近的人個個都來這裡祈福，據說很多身患重病的人來這裡祈福之後，身體都得以好轉。

有一天，一個青年男子拄著拐杖，一跛一跛地來到這個村落。這個男子是個退伍軍人，曾在戰爭中失去了右腿。

男子來到村子裡，便向村民打探神像的地址。

「你也是去祈福的吧？」幾個村民圍著他問道。

男子點點頭。

村民看著這殘疾人，同情地說道：「真是可憐，年紀輕輕就殘廢了。」

聽到別人說自己殘廢，男子有些不高興，反駁道：「我只是殘疾，不是殘廢，少了一條腿，不代表我是廢人。」

村民知道自己失言，向男子道了歉，接著又關心地說道：「可是神靈再怎麼顯靈，也不可能給你長出一條腿啊？」

男子這時笑了笑，平靜地說：「我不是要向神靈祈求有一條新的腿，而是要祈求他幫助我，讓我在失去一條腿後，也知道如何過日子。」

人有悲歡離合，月有陰晴圓缺。人生起起伏伏，不如意之事莫過於失去，失去財物、失去名譽、失去機會、失去健康、失去親人……有些東西失去了可以再來，有些則一去不復返。無論失去什麼，傷痛是在所難免

的，可再怎麼傷痛也無濟於事，可以做的，只是面對並接受失去的事實。

「瓦甑已破，不復能用，顧之何益？」孟敏在瓦甑破碎後的掉頭不顧，就是一種對失去事實的接受。當然，與失去肢體相比，瓦破實在微不足道，但性質是相通的，無論失去的東西再怎麼珍貴、再怎麼唯一，它都不在了，都過去了，長吁短嘆、悲悲切切只會增加更多的惋惜、悔恨、痛苦，這樣，失去的豈不是更多？

從過去的痛苦中掙脫出來，將關注聚焦在眼下的生活，想想如何過好現在的生活，這，才是面對失去的正確方法。奇蹟，正是由這種堅強面對的勇氣而產生的。

「山重水複疑無路，柳暗花明又一村。」跨過了失去這道坎，陽光便在眼前。

靜坐觀心心自明

「知止而後有定，定而後能靜，靜而後能安，安而後能慮，慮而後能得。」

—— 《大學》

有一個賣豆腐的人，每天都給寺院裡供應豆腐。時間一久，就和住持熟了，在寺裡到處走動。他看到很多和尚神情專注地在禪堂裡打坐，不知道他們到底在做什麼。

一天，賣豆腐的這人終於忍不住了，問住持：「師父，你們出家人一天到晚閉著眼睛坐在那裡，一動不動，究竟在那裡幹嘛呢？」

住持慈祥地笑了笑，說：「來來來，今天你別急著回去，也在這裡坐一會兒吧。」

賣豆腐的就依樣畫葫蘆地坐了下來。過了一刻鐘，他興奮地沖出了禪堂，喊了起來：「太妙了，太妙了，想不到打坐原來有這麼多的好處啊！」

住持笑著說：「你進步得倒挺快的啊。你就說說你的心得吧。」

賣豆腐的說道：「平時啊，我的腦子很亂，像一團漿糊似的。現在一打坐，我的腦子就清清亮亮的，非常好使，什麼事都能記得起來。」

住持聽完，一邊點頭，一邊微笑說道：「賣豆腐者，不過靜坐一刻鐘，便有如此功效，這就是定與靜的妙處所在啊！」

佛家中有「禪定」一說，指的是讓混亂的思緒平靜下來，外禪內定，專注一境。其妙處有六：靜、定、止、觀、覺、同 —— 靜以緩和身心，消除緊張；定以專注不移，一心一意；止以擺脫雜念，頭腦休息；觀以一心觀想，堅強意志；覺以感覺敏銳，思緒空明；同以無限可能，創意無限。

　　塵世中人雖然不參禪打坐，但禪定的妙用不都是為我們所需的嗎？

　　人的思想只要有妄心雜念存在，就猶如杯子裡的水在動盪搖晃，水一旦翻湧不停，就無法反射出外物。《涅槃經》中說：「摩尼珠投於濁水，水即為清。」是什麼讓雜質沉下去，讓思想變得純淨、明澈？就是內心的安定與寧靜。

　　所以，即使再忙亂，我們也要每天給自己預留一片心靈安靜的時刻。只有靜下心來，我們的靈性、智慧才能自然而然地顯現出來。

是沙粒，還是珍珠

> 「是沙粒，就要甘於沙粒的平庸，否則，就該勇於改變自己的命運，脫穎而出。」
>
> —— 作者題記

一個初入社會的青年屢受挫敗，痛苦絕望之下，來到大海邊，打算就此結束自己的生命。

一個老人從海邊走過，看到青年緩緩走進海裡，便知怎麼回事，長居此地的他見過太多像這樣本該意氣風發的青年想不開而尋死。老人立刻朝著年輕人的方向大聲喊道：「年輕人，年輕人，幫幫忙……」

青年聽到叫喊，回過頭來，猶豫了一下，隨即轉身朝老人所在的岸邊走去。「老人家，你有什麼需要幫忙的嗎」青年看著老人問道。

老人瞇著眼睛望著青年，說：「年輕人，看你愁容滿面的，遇到麻煩了？」「我的心感到很迷茫，以前在學校裡多才多藝，躊躇滿志，可進入社會後，做什麼都不順，總是失敗，無人欣賞，得不到別人的肯定，我已完全感覺不到自己的價值了……不說我的事啦，老人家，你要我幫你什麼忙呢？」

「哦，是這樣，我掉了一樣東西在沙灘上，你可不可以幫我找找？」

「可以啊，你告訴我是什麼東西，我幫你找。」青年熱情地說。

「是一粒沙子……」

「沙子？沙灘上滿是沙子，怎麼可能找到你的那一粒，你這不是存心捉弄我嗎？」青年還沒等老人說完，就氣憤地打斷。

老人趁著青年說話的片刻，悄悄從口袋裡拿出一顆先前拾得的珍珠輕

輕扔到地上，於是微笑道：「年輕人，別動氣嘛，沙子你不能幫我找，那我還掉了一顆珍珠，這你能幫我找吧。」

「這個簡單……就在那！」青年邊答應邊望向地上，一眼就看到了落在老人身後的閃亮的珍珠。

「一顆沙粒，只會被淹沒於茫茫戈壁，珍珠卻能脫穎而出。」老人一邊撿起珍珠，一邊說道，「有的時候，你必須知道你自己是一顆普通的沙粒，而不是價值連城的珍珠。若要使自己卓然出眾，那你就要努力使自己成為一顆珍珠。」

說完，老人轉身便走，青年獨自陷入沉思……

是沙粒，還是珍珠？你可以自己選擇。如果你只是一顆沙粒，就不要抱怨無人欣賞；如果你不安於沙粒的平庸，就該努力讓自己增值，把自己磨練成一顆閃爍的珍珠。

自甘墮落、怨天尤人都無濟於事，你需要做的是為自己設下一個目標，制定一份計畫，然後，朝著方向，一步一步前進，總有一天，你的光芒會照亮你的世界。

苦，福之根

「草木不經霜雪，則生意不固；吾人不經憂患，則德慧不成。」

—— 沈近思

有座山上建了一座廟，廟裡坐落著一尊雕刻精美的佛像。每天，有數不清的善男信女沿著一級級石階從山底爬到山頂，在佛像前頂禮膜拜，燒香許願。一年又一年過去了，這座廟一直都香火鼎盛，前來朝拜的人也總是絡繹不絕。

一個寂靜的夜裡，鋪在山路上的石階終於忍不住抱怨了：「我說佛像呀，大家同是石頭，憑什麼我在外面日晒雨淋還被人蹬來踩去，而你，卻可以無憂地坐在廟裡受人供奉朝拜？」

佛像笑了笑，說：「難道你忘了當年，您只挨六刀，便成為一方石階，而我是經歷了千刀萬鑿之苦，才有了現在的形狀！」

正所謂「千淘萬漉雖辛苦，吹盡狂沙始到金。」苦，讓石頭有了石階與石佛之別。昔日的千刀萬鑿之苦，造就了今日的成就。

「不經一番寒徹骨，怎得梅花撲鼻香？」苦盡甘來的道理，我們都明白；可「苦」的意義、價值，卻只有那些細細體會過「苦」的滋味，深深忍受過「苦」的煎熬，努力戰勝了「苦」的創傷，勇敢地從苦中走出來的人們才能真正體悟。

生於憂患，死於安樂，人如果一直處於安逸享樂的狀態，則精神萎靡，心智怠惰。只有飽受了饑渴困頓、疼痛勞累方知生活之艱；只有經歷過背井離鄉、孤獨苦悶與艱難坎坷，才懂人生不易；也只有熬過生離死

苦，福之根

別、災難打擊的傷痛與絕望，才會深刻感受到生命的珍貴。

困而思慮，苦，讓人變得警醒、變得穩重、變得聰慧、變得堅毅。從苦中走來，你會相信，苦是人生寶貴的財富；苦，乃福之根。

開墾心靈的荒地

「每顆心都是一片土地，這裡應該綠意盎然、鮮花盛開、充滿生機。」

—— 作者題記

在一座寺廟裡，來了一位雙目失明的小和尚。

小和尚常常聽到其他和尚談論寺廟前有一片荒地，什麼都不長，於是，小和尚就在誦讀經書之餘，找了把鋤頭去門前的荒地上墾荒。

雖然什麼也看不見，但小和尚還是堅持著每天都去一鋤一鋤地耕地，然後播下一粒粒花種。播撒了種子以後，小和尚就每天早晚都到地裡澆水，日復一日地照料著這片土地。

「他雙目失明，還整天開墾這片荒地，就算開墾出來，自己也一樣什麼都看不見，這不是很傻嗎……」其他和尚常常在背後議論紛紛。

然而，就在大家的譏笑中，小和尚播撒的花種開始發芽，漸漸地長出了莖、冒出片片綠葉……可這時還完全沒人注意到這片荒地上蓬勃的生機。直到一夜春風，使得這一大片綠地上的花蕾爭相綻放。和尚們步出寺門，看到這片往日的荒地變得生機盎然，豔麗芬芳，個個都驚呆了，陶醉在這如畫的風景裡。

這個小和尚，就是後來人人敬仰的心明禪師。心明大師雙目失明，無論多美的花，他都無法看見。他把荒地變成花圃，只是給別人看，並讓別人明白：在一個瞎子面前，其實沒有荒地。

心明大師用自己的汗水給眾人帶來一片生機與美麗，其實更是告訴世人：常常除去心靈的雜草，開墾心中的那片荒地，為別人，更為自己。

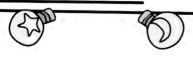

隱忍

「能行忍者，乃可名為有力大人。若其不能歡喜忍受誹謗、譏諷、惡罵之毒，如飲甘露者，不名入道智能人也。」

——《佛遺教經》

夢窗國師是日本的得道高僧。

一次，國師搭船渡河，當船正要開航離岸時，岸邊傳來一陣大聲的呼喊：「喂！等一下，載我過去。」只見是位身體粗壯、佩刀拿鞭的將軍。

「船已經開了，不可以再回頭。」全船的人都在議論著。船家見大家都不同意掉頭回去，便繼續前行。

同在船上的國師這時忍不住說道：「現在船還沒有走多遠，船家何不發發慈悲給他行個方便，回頭載他吧！」

見是這樣有修養的一位出家人說情，船家二話不說，立刻將船駛回岸邊，讓將軍上了船。

豈料這將軍言行同其外表一樣粗魯，一上船就顯出橫行霸道之態，看到船裡坐著一位出家人，便拿起鞭子抽打國師說：「和尚！閃開一邊去，把座位讓出來。」

這一鞭重重地打在夢窗國師的頭上，鮮血汩汩地流了下來。國師也未還手，甚至一言不發地就把自己的位子讓給了蠻不講理的將軍。

不久，船開到對岸，夢窗國師跟著大家下了船，然後獨自走到江邊默默地、慢慢地把凝結的血塊洗掉。

這一幕，讓那位蠻橫的將軍看到了，他的心中升起愧意，但想到自己身為將軍，怎可輕易向人道歉，心裡掙扎了一陣。這時，國師回過頭來，

兩人的目光撞上了，國師只是對著將軍微笑地點了點頭。然而，這一個微笑更讓將軍自慚形穢，他終於忍不住上前跪在國師面前，懺悔道：「大師！對不起！」

「不要緊，外出之人心情難免會急躁些。」國師心平氣和地說。

是什麼，降服了這位傲慢粗魯的將軍？是慈悲，是隱忍。慈悲，將瞋恨化解為和平，將暴戾轉變為祥瑞。生出仇恨之心、驕慢之心時，慈悲忍耐是最好的化解方法。

隱忍，不是委曲求全，不是逆來順受，而是體諒包容，豁達慈悲。這一句「不要緊，外出之人心情難免會急躁些」中凝聚著多少體諒，多少寬容，多少慈悲，實在值得年輕氣盛或者生性暴躁的人細細感悟。下一次，面對不如己意的一句閒話、一個臉色，不要再嚴詞怒喝、大動干戈、刀槍相向。

八風吹不動，端坐紫金蓮

「大肚能容，容天下難容之事；張口便笑，笑世間可笑之人。」

—— 佛家聯語

著名詞人蘇東坡在文人中算得上是數一數二的有慧根之人。他在長江北岸的瓜洲任職時，常常與一江之隔的金山寺住持佛印禪師談禪論道。

這天，蘇東坡自覺參禪有了心得，就寫了一首禪詩，派書童送過江去，請佛印禪師指正，並一再叮囑書童要討禪師的回信。詩是這樣寫的：

稽首天中天，毫光照大千。

八風吹不動，端坐紫金蓮！

禪師從書童手中接看之後，拿筆批了兩個字，就叫書童帶回去。

蘇東坡以為禪師一定會讚賞自己修行參禪的境界，急忙打開禪師的批示，一看，只見上面寫著「放屁」兩個字，不禁無名火起，於是乘船過江找禪師理論。

船還沒到金山寺，遠遠地就見佛印禪師已站在江邊等待。

蘇東坡一見禪師就氣憤地責問：「禪師，我們也算是至交道友了，對於我的詩、我的修行，你不讚賞也就罷了，怎麼可以罵人呢？」

禪師若無其事地回答：「罵你什麼呀？」

蘇東坡把詩上批的「放屁」兩字拿給禪師看。

禪師笑說：「哦！學士果真能『八風吹不動』嗎？」

蘇東坡還沒有反應過來，理直氣壯答道：「當然，當然，那還用說！」

禪師哈哈大笑道：「好好好，八風吹不動，一屁過江來！」

蘇東坡不禁啞然失笑，自覺慚愧不已。

蘇東坡自認為已看透塵世，悟得禪道，在詩中風流自賞，稱自己為「天中天」，可以將自己的豪光普照大千世界，還相信自己過去曾遭遇到的影響其心性情緒的「稱、譏、毀、譽、利、衰、苦、樂」八種人生境況，就算如狂風襲來，自己也絲毫不為之所動，定能穩如泰山，端坐於紫金蓮花寶座上。然而，面對佛印禪師的一句不屑之語，他卻「動」了。

幾經人生沉浮的蘇東坡以為，自己已經可以看透人生，放開過往，不為外物所累，豁達處世。然而，真正做到「豁達」又豈是易事。佛家稱「心猿意馬」是指人的心念不專，變化無常，且未曾真正地安穩。

正是因為人心難以安穩，所以雜念難去，利欲難消，也就難以豁然達觀。既然找到癥結所在，要做到豁達便有法可循。這方法就是悟透生命真諦，穿越紛紛擾擾、是是非非，放下虛榮執念，除去利欲貪婪，讓心念安穩下來，心如止水，不累於外物 —— 豁達，自然而來。

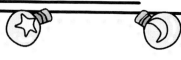

心中有光

「生活，本不需要填充太多東西。心中有光，生活便可變得充盈而透亮。」

—— 作者題記

一個進入垂暮之年的老和尚，臨終時想把自己的衣缽傳給弟子。可是他的三個弟子個個悟性都很高，究竟選誰，實在難以抉擇。

一個月色明亮的夜晚，老和尚叫來了三個弟子，每人發了一枚銅錢。「你們每人拿著這個銅錢出去買一樣東西，看誰買的東西既便宜，又能填滿禪房。」老和尚對弟子們說道。

大弟子和二弟子拿到銅錢後，就出去了。但小弟子卻奇怪地在一旁端端正正地打起坐來。

不一會兒，大弟子興沖沖地回來了，一進門就說：「師父，我用銅錢買了幾車乾草，可以填滿禪房了。」

老和尚聽了，什麼也不說，只是搖頭。

接著，二弟子也回來了。

「你用什麼來填滿這間房呢？」見他手裡什麼東西也沒有，老和尚就問道。

二弟子也不回答，只從袖子裡取出一支蠟燭，把它點亮，燭光照亮了整個禪房。

老和尚露出了滿意的神色。同時，把目光轉向了他身旁最小的弟子。

只見這個弟子慢慢地起身，將銅錢還給了老和尚，雙手合十，說：「師父，我買的東西就要來了！」

說著，他「噗」地一聲吹滅了蠟燭，禪房頓時顯得一片黑暗。

小弟子輕輕把門推開，水一樣的月光瞬間湧進了禪房，禪房裡灑滿光輝，一片透亮。

老和尚驚訝得半晌說不出來話並且流下了喜悅的眼淚。他脫下袈裟，輕輕地披在了小弟子的身上。

月光既出，玉宇澄清，月光可謂九天中最無價之物！月明則天明，天明則地明，天明地明則心明 —— 這便是小弟子至聰至慧所在，一切都因心中有光。

禪房如我們的心靈，我們總是用盡財物、想盡辦法試圖將其填滿，卻難以得到想要的結果，若能時常讓自己的心回歸本真、自然，心中充滿光亮，生活便可以變得簡單而豐盈。

菩提之忍

> 「諸佛菩薩以大悲為本，從悲而出；瞋為滅悲之毒，特不相宜，若壞悲本，何名菩薩？菩薩從何而出？以是之故，應修忍辱。」
>
> —— 《大智度論》

佛陀在樹下坐禪，一個婆羅門氣急敗壞地走上前來，無故大罵佛陀。

在佛陀旁邊的隨侍阿難聽到後心裡極不舒服，可是佛陀卻和顏悅色，紋絲不動，十分平靜。

婆羅門無故前來辱罵，就是想讓佛陀感到羞辱、惱怒，怎料佛陀對此竟毫無反應。這樣的情形反而讓婆羅門自己生氣了，他越是奈何不了佛陀，就越是怒不可遏，最後竟然用力吐了口水在佛陀的臉上，揚長而去。

「如此的侮辱，佛陀總該難受了吧……」婆羅門越想越覺得心中爽快。

然而回家的路上，婆羅門腦中竟不斷浮現出佛陀慈善、祥和的模樣，想想自己剛剛的粗言惡行，突然湧起陣陣羞愧之感，再想想佛陀始終平靜無爭的樣子，就更覺自己可惡。終於，忍受不了自己對自己無理行為的譴責，婆羅門決定向佛陀懺悔。

來到佛陀面前，婆羅門立刻跪下來，誠心地向佛陀懺悔。

佛陀一如既往的平靜，微笑答道：「昨天的我，已經過去了；未來的我，還沒有到；當下的我，剎那生剎那滅，請問你要向哪一個我道歉呢？」

世間萬法本是「緣起緣滅」，能始終以平常心去對待婆羅門無禮的謾罵，這便是見性的菩提之忍。

這種忍，是在生活諸多境遇中錘煉出的生存力量，也是了解宇宙人生

的上上智。真正的忍耐，是完全不需要考慮究竟在嘴上還是在心裡去忍、如何忍，而是始終平靜地看待過往、看待外物，不動心、不起念，只是順其自然。

佛家有句偈語說得好「人之謗我也，與其能辯，不如能容。人之侮我也，與其能防，不如能化。」

擁有菩提之忍，因為了解眾生緣起緣滅，無論話語、表情、行為，還是種種是非曲直、愛恨情仇、財富名望、刀槍拳頭等等都無非過眼雲煙，瞬間灰飛煙滅。了解了，便真正能夠心如止水，不被人情世故困擾，不被貪嗔痴妄束縛。

慈悲之忍

「一切法德，成於忍。」

—— 《金剛經》

白隱禪師是日本的得道高僧，負有盛名。

有一對夫婦，在白隱禪師住處附近開了一家食品店。這對夫婦有一個年輕貌美的女兒。

一日，夫婦倆發現女兒的肚子無緣無故地大起來，在對女兒逼問後得知未婚的女兒竟然懷孕了。這對夫婦十分生氣，又逼著女兒說出孩子的父親是誰，並且發誓要嚴懲那個不知羞恥的人。女孩開始死活也不肯說，可在父母的逼迫下，她終於開口了：「孩子的父親是白隱禪師。」

父母知道後，氣急敗壞，怒不可遏地前去找白隱禪師痛斥道：「平日裡以為你是一個品德高尚的人，沒想到你居然做出這樣無恥的事來！既然做了，就出來承認，收留自己的孩子。」

白隱聽完，看著一旁泣不成聲的女孩，只淡淡說了一句話：「是這樣的嗎？」然後就答應收留那個孩子。

然而此事一經傳出，白隱禪師立即名譽掃地，還時常受到人們的冷嘲熱諷。即使這樣，孩子出生後，白隱仍舊無微不至地照顧起這幼小的嬰兒來。他從鄰居那裡得到了牛奶、食物和一切孩子所需要的東西，盡自己最大的努力來照顧那個孩子，不管別人用怎樣的眼光來看他。

時間已經過去一年了，那個生下孩子的女孩無法忍耐思念孩子的苦痛，最終將真相告訴了她的父母親：孩子真正的父親是一個貧寒的年輕

人，他們相愛已經有很多年了，因為害怕父母不承認這個女婿，所以才做出那樣的事來。事情發生後，女孩因為害怕而不敢把真相說出來，就欺騙她的父母，說那個孩子的父親是白隱。

女孩的父母知道真相後，痛斥女兒不該說謊誹謗禪師，立刻帶著女兒去找白隱，並把事實的真相告訴他，向他表示深深的歉意，請求他的寬恕，然後要求把孩子帶回去。

白隱聽完，依然只是淡淡地說了一句：「是這樣的嗎？」於是把自己辛苦撫養一年的嬰兒交還給這一家人。

一年的忍辱的開始和結束都是這一句話 ── 「是這樣的嗎」。事實究竟怎樣，根本不重要，清者自清。對於慈悲的白隱禪師來說，重要的是那個無辜的小生命和充滿無奈與痛苦的未婚媽媽。慈悲之心，讓他寬容了女孩的誹謗，包容了眾人的誤解與侮辱，也忍耐了照顧孩子的艱辛。

這樣一種心境，實在值得我們學習：看淡是非榮辱，用一種大愛的慈悲，去包容與忍耐。

心清如水，了無牽掛

一痴師太有三個弟子：慧清、慧明和慧悟。

一天，師太向這三個徒弟宣布，要在她們當中挑選一人擔任掌齋師。掌齋師是看秧庵掌管膳食財務的神職，庵內幾百號尼姑居士的飲食起居、一應開銷全由她負責。一旦師太圓寂了，掌齋師就自然接替師太，就任看秧庵的當家師。這也就意味著她要挑選當家師的接班人。

二弟子慧明知道後，心裡暗暗高興。「憑著師太平時對我的喜愛，以及我一直以來的表現，掌齋師非我莫屬了。」慧明心裡得意地想到。

確實，在這座看秧庵裡，慧明待了十五年，也就跟了一痴師太十五年，十五年如一日地打坐念經，潛心修行，每天同一痴師太在一起，簡直成了師太的影子。再加上她對佛家經文不僅熟背如流，而且領悟得既快又準，師太對她的這份悟性是極為讚賞的。而這在庵裡的尼姑居士們看來，簡直就是鐵板上釘釘的事情了，毫無疑問。

相比之下，二十年前就入庵的大徒弟慧清，儘管練功打坐、念經修行比慧明刻苦，也能領會一痴師太的點撥，但比起慧明靈光般的快速反應來，還是要遜色一些。為此，一痴師太沒有少責罰慧清。

至於小徒弟慧悟，生性愚鈍，簡直就呆若木雞，別人打坐練功是念經文，她卻是打瞌睡。不過，慧悟身世淒慘，一出生就被父母遺棄在路旁，幸遇一痴師太路過收留下來，這才得以在庵中長大。她平時也不太說話，

一副木訥的樣子。

一痴師太與眾尼姑居士們約定，三天后在庵裡當眾挑選新任掌齋師。尼姑居士們都認為師太是在走過場。慧明自己也認為師父沒有必要多此一舉，直接指名不就得了？但師父既然要她們三個師姐妹站出來接受挑選，那就還是得做些準備，否則被師姐、師妹搶去了掌齋師，自己豈不是很沒面子？

三天後，一痴師太把全庵的尼姑居士召到了庵堂裡，觀音大士的塑像坐在蓮花蒲團上很慈祥地望著大家，師太用與觀音同樣的姿勢坐在觀音大士塑像前的蒲團上。她閉著眼睛，默念了一陣，又突然睜開眼睛說：「開始吧！」

慧清上前，捧著一碗清水獻給一痴師太：「掌齋如掌水。」師太接了，放在座旁。

慧明上前，獻上一碗飯：「齋飯齋飯，齋即飯，飯即齋。」師太也接了，放在座旁。

輪到慧悟，卻見她空著手上前，朝一痴師太鞠了個躬就退下。

師太問：「慧悟，怎麼不說話？」

慧悟緩緩地轉過身來，輕聲說：「齋在心，飯在心，水也在心。掌齋即掌心。」

一痴師太聽完，默然無語，旋即起身：「慧悟，從今天起，由你擔任掌齋師。」

此話一出，整個齋堂頓時變得一片岑寂，人們個個都驚呆了。

慧明吃驚不已：「師父，我……」

一痴師太目光深邃地看著慧明，意味深長地說道：「心清如水即是佛，了無牽掛佛無邊。」

心清如水、了無牽掛，看似簡簡單單，平平淡淡，可實際上是一種蘊

含著超凡智慧與魅力的淡泊、寧靜。

在追求成功、享受人生的路途中，人們總是處心積慮，居心重重。不知何時，原本純淨的心靈變得混沌、躁動、冷漠；不知何時，原本單純的思想變得複雜多慮，原本直率的言行變得虛偽、言不由衷……強烈而繁複的欲望讓人太在乎成敗得失，於是不得不左顧右盼，瞻前顧後，處心積慮。失去了平常心，精力都放在了不相關的事情上，又如何做到專注，如何能成功，如何能真正享受人生？

「壁立千仞，無欲則剛」，熄滅欲望之火，心清如水，了無牽掛，還原一顆本真的心，才能獲取真正的成功，感悟人生真諦。

自律

「不奮發，則心日頹靡；不檢束，則心日恣肆。」

—— 朱熹

慧遠禪師年輕時喜歡四處雲遊。

一次，慧遠禪師在路上遇到一個行人，兩人結伴而行走了很長一段山路，然後坐在河邊休息。這行人嗜菸，在休息時，忍不住拿起煙袋在禪師面前抽起來，他還一邊抽，一邊向禪師描述吸菸的奇妙感覺。

由於行人和闡師談話投機，兩人分道揚鑣之時，行人贈給慧遠禪師一袋煙，一根煙管。禪師也沒有推脫，收下了行人的饋贈。

慧遠禪師拿著這袋煙，邊走邊想著行人剛才說的話，心想：這個東西能令人十分舒服，肯定會打擾我禪定，時間一長，這惡習一定難改，還是趁早遠離它吧！於是就把煙管和菸草都扔掉了。

過了幾年，慧遠禪師在旁人的影響下迷上了《易經》。

此時正值寒冬，地冷天寒，他寫信給自己的老師索要一些寒衣，但是信寄出去已經很長時間了，冬天已經過去，山上的雪都開始融化了，老師還沒有寄衣服來，也沒有任何的音信。慧遠禪師便用《易經》為自己占卜了一卦，結果算出那封信並沒有寄到。

《易經》如此神奇，但慧遠禪師又猶豫了，心想：「《易經》占卜固然準確，但如果我沉迷此道，怎麼能夠全心全意地參禪呢？」之後，禪師又下定決心不再接觸《易經》之術。

丟棄了《易經》，可禪師又迷上了書法，每天鑽研，小有所成，有幾

個書法家居然也對他的書法讚不絕口。受到誇獎之時，禪師又轉念想到：「書法雖然有所成就，但我這又偏了自己一直要修煉的正道，這樣下去，我只能成為書法家，而成不了禪師了。」

想到自己離禪學的研究越來越遠，背離了初衷，禪師便又將心收回，放棄了一切與禪無關的東西，從此心無旁鶩，一心悟禪。練就了心如止水的能耐，慧遠禪師最後終於成了一位禪宗大師。

慧遠禪師在誘惑面前能夠告誡自己，抵制誘惑，捨棄欲望；在虛名面前及時回頭，保持清醒，銘記自己的理想與目標，提醒自己要專心致志，心如止水，能做到此，無不因為他始終保持著一份嚴格而堅定的自律。

律己先律心，要時刻嚴格地管束自己浮躁的心。人都應當保持著這樣一份自律，才能在形形色色的誘惑面前不放縱、不墮落，也不至於行差踏錯，泥足深陷，遺憾終生；才能在花花世界裡保持清醒與寧靜，專心致志，達成自己的理想，收穫沉甸甸的果實。

自律 —— 在做出任何行為之前都應獨立思考一番，明辨是非，分析利弊，嚴格管束自己的欲望 —— 如此而已。

▌丟卻欲望

「欲望不止，煩惱便生。」

── 作者題記

南陽慧忠禪師被唐肅宗封為「國師」。

有一天，肅宗問他：「朕如何可以得到佛法？」

慧忠答道：「佛在自己心中，他人無法給予。陛下看見殿外空中的一片雲了嗎？能否讓侍衛把它摘下來放在大殿裡？」

「當然不能！」

慧忠又說：「世人痴心向佛，有的人為了讓佛祖保佑取得功名，有的人為了求財富、求福壽，有的人是為了擺脫心靈的責問，真正為了佛而求佛的人能有幾個？」

「怎樣才能有佛的化身？」

「欲望讓陛下有這樣的想法！不要把生命浪費在這種無意義的事情上，幾十年的醉生夢死，到頭來不過是腐屍與白骸而已，何苦呢？」

「哦！如何能不煩惱不憂愁？」

慧忠答：「您踩著佛的頭頂走過去吧！」

「這是什麼意思？」

「不煩惱的人，看自己很清楚，即使修成了佛身，也絕對不會自認是清淨佛身。只有煩惱的人才整日想擺脫煩惱。修行的過程是心地清明的過程，無法讓別人替代。放棄自身的欲望，放棄一切想得到的東西，你得到的就將是整個世界！」

丟卻欲望

「可是得到整個世界又能怎麼樣？依然不能成佛！」

慧忠問：「你為什麼要成佛呢？」

「因為我很想像佛那樣擁有至高無上的力量。」

「現在你貴為皇帝，難道還不夠嗎？人的欲望總是難以得到滿足，怎麼能成佛呢？」

世人求佛究竟是為了什麼？也許更多的是為了滿足自己的種種欲望。人之欲望永無止境！人在欲望的驅動下，物質變得富有，精神卻變得貧乏，生活也變得煩惱不堪。要丟卻煩惱，其實也很簡單，丟卻欲望便可，只是看你願不願意罷了。

知易行難

「非知之艱，行之惟艱也。」

——《尚書》

　　道林禪師喜歡一個人住在樹上，與鳥巢為鄰。

　　有一次，白居易去拜訪道林禪師，只見道林禪師在鵲巢邊坐禪，他便站在樹下仰著頭對禪師說：「你這樣住在樹上實在是太危險了，趕快下來吧！」

　　禪師卻平靜地說：「我的處境一點都不危險，只要我小心，就一定不會掉下去的。相反，你的處境才是最危險的！即使你儘量避免，有的時候你也避不過。真正要小心的人不是我，而是你自己。」

　　白居易聽了，不以為然地說：「我是當朝重要的官員，我的生活十分太平，沒什麼危險。」

　　道林禪師說：「薪火相交，難道還不夠危險嗎？官場如戰場，眾人從無一心，你來我往；危險就在眼前！」

　　白居易聽了禪師的話，覺得很有道理，於是又問道：「佛法是如何解釋的呢？」

　　禪師回答道：「諸惡莫作，眾善奉行！」

　　白居易聽了感到很失望，說：「我以為是什麼高深的理論呢，這樣的道理連三歲小孩也知道，何必說出來呢？這不是侮辱我嗎？」

　　禪師說：「三歲孩兒雖道得，八十歲老翁卻行不得。」

　　孔子言，「知之易，行之難」。

　　大道理易懂，可要將這些道理身體力行就很難了。

　　人心懈怠，欲望難控，人能真正保持清醒的又有多少時候呢？生活的道理知道多少不重要，重要的是能夠清醒並堅定地去實踐這些道理。「行」之所以那麼難，因為這除了要有清醒的意識，更要有無比堅定的意志，去戰勝自己的弱點，去挑戰人性的黑暗。而中途一旦妥協了，行動中止了，知而不行會比不知更危險。

布施，而非施捨

「為惠者，尚布施也。」

—— 《淮南子》

有個人，在一次意外中失去了右手。只剩下無力的左手的他失去了謀生之計，甚至連很多生活瑣事都不能自理。悲慘的遭遇讓他對自己失去了信心，對生活失去了信心，從此淪為乞丐，靠別人的施捨生活。

一天，這乞丐來到一座寺院向方丈乞討，方丈毫不客氣地指著門前一堆磚對乞丐說：「你幫我把這些磚搬到後院去吧！」

乞丐生氣說道：「你也看到，我只有一隻手，怎麼搬呢？不願給就不給，何必戲弄人呢？」

方丈沒有急著去解釋，只是用一隻手搬起一塊磚，走到乞丐面前，說道：「你看到了，這樣的事一隻手也能做到的。」

乞丐只好用一隻手搬起磚來。他整整搬了一個時辰才把磚搬完，累得汗流浹背，胳膊和肩膀都酸痛不已。很久沒有勞動了，乞丐都忘記了自食其力的感覺。

方丈遞給乞丐一些銀子，乞丐接過錢，很感激地說：「謝謝你！」

方丈說：「不用謝我，這是你自己賺到的錢。」

乞丐說：「我不會忘記你的。」說完深深地鞠了一躬，就上路了。

許多年之後，這個乞丐又一次來到寺院。與上次來不同的是，他不是來乞討，而是來感恩的。如今的他衣著得體，氣度不凡，與當初簡直判若兩人，一副成功人士的樣子。他找到方丈，真誠地感謝道：「大師，謝謝

布施，而非施捨

你，當初沒有用錢來施捨我，而是讓我自食其力，讓我找到了自己的價值。」

　　施捨和布施，究竟有多大的差別？施捨，是一種被動給予，是在別人的乞求、懇求下給予的，施捨之人，並非主動地真心實意做善事；布施，卻是主動給予，布施之人出於愛心、關心、悲心、敬心……而去主動關懷，真心給予。

　　布施，不僅僅是給別人財物。佛說，一個人，即使沒有錢，也同樣可以布施別人，布施有七種：一是顏施，用微笑與別人相處；二是言施，對別人多說鼓勵、安慰、稱讚、謙讓、溫柔的話；三是心施，敞開心扉，對別人誠懇；四是眼施，以善意的眼光去看別人；五是身施，以行動去幫助別人；六是座施，乘車坐船時，將自己的座位讓給老弱婦孺；七是房施，將自己空下來的房子提供給別人休息或給人遮風避雨。

　　可見，布施，非可望而不可及之事，乃是人人當下可行、當下可踐之舉。重要的是：我們心懷慈悲，真誠關懷別人，別無目的，不求回報。

換位

「人不能善待他人，是因為沒有寬容；沒有寬容，是因為沒有體諒之心；沒有體諒之心，是因為不能換位思考。」

—— 作者題記

《列子·周穆王》曾記載著這樣一個故事：

周國有一個姓尹的富翁，總喜歡無度地差遣自己的僕役。為他幹活的僕役們被差遣得從早到晚都奔走忙碌，連氣也喘不過來。而他自己呢，因為整天苦心經營，殫精竭慮，也弄得心力交瘁。

一天夜裡，富翁做了個夢。他夢見自己也變成了一個傭人，在別人家裡奔走幹活，劈柴倒水，搬運貨物，大事小事無所不做，每日忙得腰酸腿痛不說，稍不留神有些差池，就落得主人的一頓謾罵毒打，吃盡苦頭。

還好，在這個富翁感到痛苦難耐之時，他從噩夢中醒了過來。

可到了晚上，富翁在一天的忙碌之後昏昏睡去之時，昨夜的噩夢又繼續了。一連幾天，富翁都被這相同的噩夢折磨著。他實在不堪忍受夜夜在夢中遭遇的痛苦，便去求教自己的一個朋友。

這個朋友聽完富翁的訴說後告訴他：「你的地位足以榮身，資財也綽綽有餘，遠遠超過了別人。你夜裡夢見做人家的僕傭，這是勞苦和安逸彼此往復的理數之常。你想醒時和夢裡都獲得快樂，人生不可能總是那麼美好的。」

尹富翁聽了朋友的開導，心裡立時大悟：現實中的自己不正是夢中折磨自己的人嗎？原來，自己的家奴長期忍受著如此不堪的生活，原來，自己一直以來都扮演著那麼惡劣的角色。

換位

　　幾夜的噩夢讓富翁深刻地體會到了僕役們的艱辛，於是他從此寬待自己的僕役，很快，他的噩夢便結束了。

　　人若常常換換位，設身處地地為他人著想，就會更容易體諒他人，寬容他人，善待他人。

　　那麼，應該如何換位思考呢？故事已經向我們展示得再清楚不過了。總而言之，就是要把自己想像成他人，將心比心，設身處地去感受他人的內心，從他人的立場去體驗、思考問題。當我們與別人的意見產生分歧時，當我們與別人產生矛盾時，我們應該先問問自己，「如果我是他，我會怎樣？」當我們能夠冷靜地換位思考，就能夠對別人多一份體諒，多一點寬容。如此這般，人與人之間的苛刻、埋怨、憤恨一定能消失很多。

海量之心

「天下之水莫大於海，萬川納之。」

—— 莊子

一個老和尚吩咐他的一個年輕弟子到集市上買東西。弟子買完東西回來，滿臉的不高興。

老和尚便問他：「究竟發生了什麼事啊，讓你這麼生氣？」

「我在集市裡走的時候，那些人都看著我，還嘲笑我。」弟子撅著嘴巴說。

「為什麼呢？他們嘲笑你什麼呢？」老和尚關心地問道。

「他們都笑我個子太矮，可他們哪裡知道，雖然我長得不高，但我的心胸很大呀。」弟子氣呼呼地說。

老和尚聽完弟子的話後，什麼也沒有說，只是拿著一個臉盆與弟子來到附近的海灘。

老和尚先把臉盆盛滿水，然後往臉盆裡丟了一顆小石頭，這時，臉盆裡的水濺了出來。接著，他又把一塊大一些的石頭扔到面前的海裡，大海沒有任何反應。

「你不是說你的心胸很大嗎？可是，為什麼人家只是說你兩句，你就生那麼大的氣，就像被丟了顆小石頭的水盆，水花到處飛濺？」

為人處世，就應該有一顆海量之心。

海量之心在於寬容，如何寬容？我們就借鑑佛家智慧吧，細細體會禪師們的這一段對話：

寒山問拾得日：世間人謗我、欺我、辱我、笑我、輕我、賤我、惡我、騙我，如何處置乎？

拾得云：只是忍他、讓他、由他、避他、耐他、敬他、不要理他、再待幾年你且看他。

寒山云：還有甚訣可以躲得？

拾得云：我曾看過彌勒菩薩偈，你且聽我念偈日：

有人罵老拙，老拙只說好；有人打老拙，老拙自睡倒。

涕唾在面上，隨它自乾了，我也省氣力，他也無煩惱。

這樣波羅密，便是妙中寶。若知這消息，何愁道不了？

人弱心不弱，人貧道不貧，一心要修行，常在道中辦。

世人愛榮華，我不爭場面；名利總成空，貪心無足厭。

金銀積如山，難買無常限；古今多少人，那個活幾千。

這個逞英雄，那個做好漢，看看兩髮白，年年容顏變，

日月像拋梭，光陰如射箭，不久病來侵，低頭暗嗟嘆，

自想年少時，不把修行辦，得病想回頭，閻王無轉限。

馬上放下手，回頭未為晚；也不論是非，也不把家辦，

也不爭人我，也不做好漢，罵著也不覺，問著如啞漢，

打著也不理，推著混身轉，也不怕人笑，也不做臉面，

幾年兒女債，拋開不再見。好個爭名利，轉眼荒郊伴。

我看世上人，都是精扯淡。勸君即回頭，單把修行幹。

做個大丈夫，一刀截兩段；跳出紅火坑，做個清涼漢。

悟得真常理，日月為鄰伴。

多添一些幽默

「孔子個人溫而厲，恭而安，無適，無必，無可無不可，近於真正幽默態度。」

—— 林語堂

孔子在東遊的途中，有一次，感覺飢餓時，就讓他的學生顏回到前面的一家飯館去討些飯菜。

顏回走進飯館，便向店家說明了來意。

「要飯吃可以啊，不過我有個要求。」店家不以為然地說道。

顏回忙道：「什麼要求？」

店家看著顏回，說道：「我寫一字，你若認識，我就請你們師徒吃飯，若不認識，那你就請回吧。」

「主人家，我雖不是什麼大智者，可我也跟師傅學習多年，別說一個字，就是一篇文章又有何難？」顏回輕鬆地笑著回答。

店家也微微一笑：「先別誇口，認完答完再說。」

說罷，店家拿筆寫了一「真」字。

顏回看後哈哈大笑：「主人家，你也太欺我顏回無能了，我以為是什麼難認之字，此字我顏回五歲就識。」

店家依然微笑，問道：「你倒說說，此為何字？」

「是認真的『真』字。」顏回自信地脫口而出。

店主冷笑一聲：「哼，你這個無知之徒，竟敢冒充孔老夫子門生，來人，亂棍將他打出門外。」

顏回被趕出飯店，無功而返，回來見孔子，道明了事情經過。

孔子聽完，哈哈大笑道：「看來，這店家是要為師前去不可了。」

說完，孔子便行至飯店門前，說明來意。

那店家把剛才寫下的「真」字拿來給孔子認。

孔子笑答曰：「此字念『直八』。」

那店家聽到孔子此言，如遇知音，於是熱情笑道：「果是夫子來到，這一頓我必盛情款待！」

最後，孔子及其學生在這家飯店裡免費飽餐了一頓。

離開飯店後，顏回不解地問道：「老師，你不是教我們那字念『真』嗎？什麼時候變『直八』了？」

孔子拍著顏回的肩膀笑道：「有時候的事情認不得『真』啊。」

林語堂說，孔子「近於真正幽默態度」。孔子溫厚、超脫，懂得何時嚴肅，何時輕鬆，為人處世的張弛之道把握得極佳。做人理應嚴肅認真，但處世有時卻需要幽默隨和。正所謂「一笑解千愁」，輕鬆一些，隨和一些，幽默一些，笑一笑，舒緩舒緩緊繃的神經，人才能得到舒適自在。

淡忘昨日之非

「昨日之非不可留，留之則根爐復萌，而塵情終累乎理趣。今日之是不可執，執之則渣滓未化，而理趣反轉為欲根。」

—— 《菜根譚》

一個男子因自己妻子過去的一些事情而煩惱不已，於是來到廟裡向老和尚訴說。

老和尚聽了男子的訴說之後，就問：「你妻子過去的事情和你有關係嗎？」

男子搖搖頭。

老和尚接著說：「既然是這樣，那你應該高興才對。因為你妻子過去那些不快的記憶中並沒有你。而你現在應該把握時機，盡可能地去創造快樂和溫馨，讓她感覺幸福，這樣你們走過一生是多麼美好和幸運啊！」

男子聽了老和尚的話還是皺著眉頭，露出愁悶的表情。

於是老和尚又說：「有一個孩子非常喜歡金魚，於是他的父母就買魚缸為他養了一條金魚。可是有一天，魚缸突然被打破了，而這個孩子只有兩個選擇：一是站在破碎的魚缸前怨恨、咒罵，眼看著金魚在痛苦中死去；二是趕快找一個新的魚缸來救活金魚。」

說到此處，老和尚看了看男子，問：「如果是你，你怎麼選擇？」

「當然是趕快找魚缸救金魚了。」男子毫不猶豫地回答。

「這就對了。你現在面對你的妻子，就如同面對這個已經被打破的魚缸和掉在地上的金魚，你要做的就是快點拿個新魚缸來救你的金魚，而不是站在一邊怨恨詛咒，眼睜睜地看著牠死去。」老和尚說道。

　　男子聽到這裡，心中豁然開朗，向老和尚深施一禮，露出燦爛的微笑，歡喜地離去了。

　　老和尚說得不錯，只有把心中的怨恨和不滿都放下，為金魚換上新的完整的魚缸，然後把已經打碎的魚缸丟棄，這樣才會擁有新生的愛和生活。

　　既然前事已非，何必再留牽掛，錯了就錯了，不該發生的已然發生了，是是非非都成為過去，又何必執著其中呢，倒不如依佛家所言，「過去事，丟掉一節是一節；現在事，了去一節是一節」，淡忘過去，把握現在。

　　過去的畢竟過去了，人總是要向前而行的。不為過去所羈絆，因為過去的就如一個夢，不管夢境美麗或是醜陋，開心或是痛苦，它都會有醒來的一刻，一旦醒來，夢就已經不在。睜開眼，面對的又是新的生活！

多些等待

「山重水複疑無路，柳暗花明又一村。」

—— 陸游

　　一天，佛陀和他的侍者走在路上。

　　中午的時候，佛陀飢渴難耐，便對侍者說：「剛才我們不是經過了一條小河嗎？你去那裡取些水喝。」

　　侍者拿著容器去盛水。很快，他就來到了小河邊上。可當他俯身想取水時，正好有一對商人騎著馬從那條小溪經過，頓時間，溪水被弄得渾濁不堪！

　　侍者見河水被弄髒了，只能無奈地轉身回去，告訴佛陀：「溪水被那些商人弄髒了，不能喝，還是重新找條小溪吧。我知道前面就有一條小溪，而且溪水非常清澈，兩個時辰就能到。」

　　佛陀說：「這條小溪近在眼前，為什麼還要走兩個時辰的路，去找前面那條小溪呢？你還是到剛才的那條小溪去吧。」

　　侍者心想：「剛才都看到了，溪水裡全是泥沙，那麼髒，怎麼能喝呢？現在又讓我去，這不是白白浪費時間嗎？」他滿臉不悅地轉身對佛陀說：「我都告訴你了，溪水已經弄髒了，你為什麼還要我白跑一趟呢？」

　　佛陀只是堅定地說道：「你只管照我說的去做，去到那裡你就知道了！」

　　侍者只好又去了，可當他再次來到小溪邊的時候，卻看到溪水是那麼的清澈、純淨，泥沙早已經不見了。

多些等待

　　河水在流動，時間在流逝，世間萬物都在不斷更新變化。不能以此刻的眼光來看待下一刻的事情。此刻，你若是遇到挫折了，若是迷茫了、苦悶了，不要灰心，不要放棄，不要逃避。你只需要多一些耐心，多一些等待，或許奇蹟就會出現在下一秒。

　　多些等待，在靜心等待中，你煩亂的思緒會趨於平和。煩惱的總會過去，美好的終將到來！

走出享樂迷途

> 「肉腐生蟲，魚枯生蠹。怠慢忘身，禍災乃作。」
>
> —— 荀子

　　有一個人，死後來到一個地方。前面有扇門，這人便朝門口走去。

　　就在這人準備跨進房門之時，一個守門的閻王把他攔住，說道：「進來之前，你先考慮清楚要不要進來，一旦進來，就要一直留在這裡了。」

　　這人好奇地問道：「裡面是幹嘛的，我進裡面能做些什麼呢？」

　　閻王看了這人一眼，說道：「你喜歡吃嗎？這裡有各種美味任你享用；你喜歡睡嗎？在這裡，你睡多久都沒有人打擾；你喜歡玩嗎？種種新奇的娛樂由你選擇；你討厭工作、學習嗎？這裡保證終日無事可做，更無人管束你……」

　　「如此說來，這裡豈不是一個能夠任我吃喝玩樂的地方，不用做事，也沒人管，隨心所欲，豈不是天堂……」這人想著想著竟忍不住笑出聲來。於是興奮地對閻王一邊點頭，一邊說道：「不用考慮了，就是這裡了，我一輩子都追求不到這樣好的生活，就算你趕我，我都不會走了。」說完便迫不及待地跨了進去。

　　從此，這人每天吃完就睡，睡夠就玩，邊玩邊吃……剛開始，每天興奮得不得了，樂在其中。

　　可這樣過了半年，這人漸漸覺得膩了，於是跑去向閻王抱怨道：「吃喝玩樂雖然是我一生的追求，但如果每天都這樣，又實在是太無聊，我現在越來越不覺得開心了：每天面對那麼多無法抵擋的美味誘惑，我總是無

法控制，每次都吃到撐甚至吃到吐，身體難受得不得了，現在還不斷發胖；吃撐了，就渾身懶洋洋的，連坐著都覺得睏，於是不得不睡下來，可常常一睡就睡個大半天，醒來也覺得昏昏沉沉的；而由於睡得多了，連頭腦也開始變得遲鈍，有時自己想說什麼都要反應半天才說得出口……」

這人抱怨了一陣，見閻王一句話也不說，就問：「您能不能給我一份工作？我想自己做點事情。」

閻王聽完，只搖搖頭道：「對不起！我早就跟你說過，這裡終日無事可做，哪來什麼工作。」

這人無奈，不得不回去繼續這樣的生活。

好不容易，又過了半年時光，由於成日地吃喝沉睡，這人胖得連起身都困難。他實在忍不住了，急切地去找到閻王，說道：「這種日子我實在受不了了，如果你再不給我點工作來做，我寧願下地獄！」

閻王聽完，又是搖頭，對這人冷笑道：「難道你以為這裡是天堂？這裡本來就是地獄！」

這裡是地獄？是的，這裡就是地獄，它讓人沒有思想，沒有追求，失去靈魂，漸漸腐化、淪喪。

吃喝玩樂、無拘無束，多少人在追求這樣的生活？年少無知、青春叛逆的學生，初入社會、新鮮好奇的青年，甚至許多歷經世事、肩負著諸多責任於一身的成年人也會因為偶爾的挫敗或失控而沉迷於這樣的享樂，一次、兩次，他們嘗到了這種隨心所欲的快感，以為自己快活似神仙，以為自己過著天堂般的生活，殊不知，自己正在走向地獄。

不想做事，便沉睡逃避，睡醒之後又去吃喝玩樂，吃撐了、玩睏了，就昏昏睡去……如此渾渾噩噩地重複著這樣的生活，表面上滿足了種種體膚之欲，逃避了各種沉重難扛的責任，看似無憂無慮，實質上他們那是已經完全不懂得去憂慮，因為每日的享受麻痺了他們的大腦，不再去思考，

漸漸地，整個人不僅變得身體遲鈍、目光呆滯，就連基本的思考也沒有了，精神荒蕪、心靈空虛，只剩下一具沉重的軀殼。

　　荀子說得沒錯，「怠慢忘身，災禍乃作」，趁著自己還能思考，還懂得反省，我們都應該問問自己：「你，還執迷於享樂嗎？」問完，我們就果斷地做出選擇，不要再沉迷於享樂了。

團團轉與吱吱叫

「凡愚妄想，如蠶作繭。以妄想絲，自纏纏他。」

——《楞伽經》

馬祖道一未出家時有三個朋友。後來，這三個朋友聞知馬祖道一在禪學上獲得大悟，到處說法，於是三人決定一同前往馬祖道一處所，去試試他，考考他是否真正開悟了。

這三人在前往馬祖道一處所的半路上看見一個頗有意思的現象：一頭牛被繩子拴在了大樹上，牛閒來無事就繞著樹轉，轉著轉著，牛繩全繞到了樹上，牛鼻子碰到樹了。牛也算聰明，馬上又往另一方向轉，轉著轉著，鼻子又碰到樹了。看著這愚笨的牛這樣轉來轉去，三個人都啼笑皆非。

「這不就是團團轉的最好解釋嗎？」三人不禁異口同聲地說道。於是不謀而合，大家馬上就想到用這一問題去考考馬祖。

三人又繼續向前走，走著走著，看到一個很大的蜘蛛網，一隻秋蟬的腳被黏在網上了。秋蟬「吱吱吱」地叫個不停，但依然掙脫不出來，牠只能認命待在網裡，不做任何掙扎。這時，躲在一旁守候多時的蜘蛛看到了，馬上就撲了過來，秋蟬一看，不好，就在這千鈞一髮的時刻，秋蟬不得不做出拚死掙扎的決定，牠奮力一掙扎，向前猛衝，還真的掙脫了，「吱 ——」一下就飛出了絲網飛走了。

三人一看，馬上又靈感一動，默契地說道：「這也是一個新的問題，我們去問問他是怎麼一個道理。」

不久，三人就來到了馬祖道一的處所。

一見到馬祖道一禪師，他們什麼都沒說，就問：「什麼是團團轉？」

馬祖道一答道：「只因繩子繫著，掙不斷它。」

聽到這個答案，三人全都驚呆了，心想，禪師看到了我們所見的那一幕情景嗎？否則他怎麼知道的？於是又問：「繩斷又如何？」

「逍遙自在去也。」馬祖道一回答。

三人驚嘆不已，馬祖道一果然開悟。於是他們又接著問第二個問題：「請問大師，什麼是『吱吱叫』？」

「只因腳下有絲。」馬祖道一依然不多說半句，直接擊中答案。

「絲斷又如何？」三人繼續逼問。

「呼嚕飛去也。」馬祖道一再一次給出了讓人心悅誠服的答案。

三人再一次目瞪口呆，對馬祖道一佩服不已。

馬祖道一禪師是不是真的見過那兩個情景呢？否則他如何能回答得那麼準確？

其實，禪師根本就沒見過那圍著大樹團團轉的笨牛和被網束縛得吱吱叫的秋蟬。他所回答的，不過是自然中的常見現象。

其實，人們在名和利中轉來轉去，不就像是被一根繩繫著一樣，即使轉得被撞了，卻仍捨不得放開，被各種貪念、虛榮、欲望之繩索綁著，整日絞盡心思，機關算盡，爾虞我詐，即使傷痕累累仍執迷不悟，這就是「團團轉」。

至於「吱吱叫」，則是人們時時被愁思所困擾而發出的種種抱怨。因為被各種欲念束縛，割不斷種種情絲，掙脫不了煩惱，只能吱吱叫。

戒除「團團轉」與「吱吱叫」也並不難，割捨欲念，斬斷情絲，如此而已。

捨得

「知足常足，終身不辱；知止常止，終身不恥。」

—— 老子

《雜寶藏經》中有這樣一個故事：

一位中年男子，名叫比舍，他既是著名的珠寶商人，又是個經驗豐富的航海家。

一次，比舍帶領著五百個商人組成的船隊入海尋寶。他們一路乘風破浪，在比舍的帶領下，這浩浩蕩蕩的船隊很快就平安地到達了盛產珠寶的小島。

船靠岸停泊，五百個商人看著這個富饒的小島，滿心歡喜，猶如一群餓狼蜂擁下船向島上奔去。大家拚命搬運，耀眼的珠寶一下子一船一船都裝得滿滿的。可是，客商還在貪心地裝呀堆呀，眼看每艘船都要被壓沉下去了。

此時，比舍可慌張啦，大聲疾呼：「注意！注意！船不能運載過重啊！客商們！自動地把你們超載的珠寶，儘量拋棄吧！不然的話，一定會危險的哪！」

然而五百客商都裝作沒聽見。貪欲所迷，寧共寶死，也不願意丟下一粒珠子。

比舍眼看沒法了，只好犧牲自己船上所有的珠寶，將它們全投到了海裡。

比舍駕駛空船跟著滿載珠寶的船隊離開了寶山。眨眼間，超載珠寶的

船，一艘艘地被海水吞沒了。要不是比舍駕空船將五百客商護救出海，那真是人財兩空了。

當五百商人坐著比舍這條船平安脫險的時候，海面上忽然出現一尊神，將比舍拋棄的珠寶盡數還給了他。比捨棄寶複得，當然歡喜極了，可是他不忍眼看大夥憔悴煩惱的模樣，便又把自己的珠寶和眾客商平分了。

人心不足蛇吞象，如果不能控制自己的欲望而任其膨脹，只會陷入欲望的無底洞中無法自拔。

懂得滿足、學會捨棄的富足平衡心理，才是永遠的富足。

學會捨棄，是一種謀略，也是很好的養生之道。孟子曰：「養心善莫寡欲」，誠然如此。知足的人，不執迷於物，不好高騖遠，不貪得無厭；他們懂得放寬心，懂得淡化欲望，懂得珍惜擁有，享受現在，如此，身體輕鬆，心靈富足，生活快樂。

捨得，真的不是那麼難，我們只需記著，有「捨」便有「得」。

貪多必失

「罪莫大於可欲，禍莫大於不知足；咎莫大於欲得。故知足之足，常足。」

—— 老子

　　有一個小和尚，跟隨著師父在寺院裡住了幾年，每天早餐都是自己一個人在房裡吃。這天早上，他想改改平日的早餐習慣，於是坐到餐桌旁和師父及師兄一起吃早餐。

　　這一坐下來，小和尚就發現不對勁了，只見師父面前擺著六個饅頭，師兄也放著六個饅頭，而自己卻只有四個饅頭。

　　「太不公平了。師父得六個饅頭，我沒意見，可大師兄為什麼也得六個饅頭，這不是跟師父平起平坐了嗎？」小和尚心裡想著，越想越覺得生氣。

　　於是小和尚問師兄：「師兄，你怎麼有六個饅頭？」

　　「我每天都是吃六個饅頭的啊。」

　　師兄不說還好，這一回答，小和尚更是不平了。於是對師父說：「我也要六個饅頭。」

　　「哦？你能吃下六個饅頭嗎？」師父疑惑地問道。

　　小和尚大聲說：「能！我要吃六個饅頭！」

　　師父看了看小和尚，把自己的饅頭拿了兩個給他。

　　小和尚得到六個饅頭，心裡終於舒服些了，於是狼吞虎嚥地吃起來，很快，他便將六個饅頭吃得精光。

　　小和尚拍著圓鼓鼓的肚子高興地對師父說：「師父，你看，六個饅頭

我都吃下去了。我能吃六個饅頭，以後每天早上我都像大師兄一樣要六個饅頭！」

師父沒說什麼，只是笑了笑。

不一會，小和尚站起身來，這時他才感到自己的肚子脹得難受。一下吃了六個饅頭，他開始覺得口渴難耐，於是就去喝了半碗水。這半碗水下去，小和尚的肚子比剛才更脹了，而且有點發痛。小和尚開始感到痛苦難耐，肚子被撐得像快要爆了一樣，根本沒法像平時那樣挑水、掃地、念經。

這時，師父對小和尚說：「平時你都是吃四個饅頭就飽了，四個饅頭就是你的食量了，今天你卻吃了六個饅頭，肯定受不了。你雖然多得到了兩個，卻並沒有享受到多得到兩個饅頭的好處，相反，它們給你帶來了痛苦。」

小和尚這才悔悟，捂著肚子，低下了頭。

生活中，我們常常陷入一種迷思，以為任何事物，如果能得到肯定越多越好，於是便一味索取。殊不知，多，有時也是一種負擔，一種阻礙。從小的方面看，吃多了會撐得難受，睡多了會昏昏沉沉；從大的方面看，生活的目標多了，容易迷失，欲望多了，人心浮躁，人性扭曲。人的需求總是不盡相同的，所以貪多必失，得到不一定就是享受。不要把眼光盯著別人，不要與人比，不貪，不求，只尋找適合自己的，才能自然知足，自然常樂。

放寬心

「海納百川，有容乃大。」

—— 林則徐

一個少年，正處於反叛張揚的年齡，常常看這個不順眼，遇那事不順心，招來諸多煩惱，對生活充滿了抱怨。

一天，少年回到家裡，一邊大口大口地喝水，一邊憤憤不平地向父親抱怨。父親只是靜靜地聽著，什麼也不說。

直到少年述說完後，父親終於開口了：「兒子，往你這杯水里加上一勺鹽，看看味道如何？」

少年感到莫名其妙，但還是按照父親說的去做了，拿起加了鹽的水喝一口，「噗——」地一聲就把剛入口的水全都吐了出來。「怎麼這麼苦啊……」少年又是一陣抱怨。

父親依然沉默，拿著一勺鹽，帶著少年出去。來到離家不遠的湖邊，父親把鹽倒入湖水裡，然後對少年說：「你再嘗嘗這裡的水，看看味道如何？」

少年蹲下身子，用勺子舀了些水往嘴裡送：「好清涼的水啊……」

「還苦不苦？」父親問。

「不苦，不苦，還有些清甜呢！」

「這勺鹽就如同你遇到的煩惱，把它放進一杯水裡，會很苦，可放進湖水裡，苦味全無。所以，當你感到痛苦的時候，不妨把自己的心放寬些，像湖、像海一樣寬，把痛苦稀釋，你就完全感覺不到它的存在了。」

聽完父親的一番話，少年看看眼前寬闊的湖水，笑了。

人生苦惱，不計其數，若事事都去糾結一番，我們豈不要生活在無休止的抱怨中？承受痛苦之時，若只會抱怨，只會讓自己的痛苦加倍，加倍了的痛苦無法平息，便會加倍地怨天尤人……生活中，這樣的惡性循環還少嗎？傷心、煩惱、憤怒、仇恨都會讓我們陷入情緒的無底洞，之所以會這樣，是因為面對這些的時候，我們常常無法接受；之所以無法接受，是因為我們的心，太窄。

放寬心，胸懷寬闊，肚量無限，就沒有什麼裝不下。

放寬心，從容豁達，海納百川，就沒有什麼痛苦稀釋不了。

知足者富

> 「知人者智，自知者明；勝人者力，自勝者強；知足者富，強行者志。」
>
> —— 老子

一天，虛有禪師在河邊行走，看到岸邊有幾個人正在垂釣。

大家正靜靜地等待著魚兒上鉤。突然，其中一位垂釣者將竿子一揚，釣上了一條大魚，足有三尺長，大魚落在岸上後，仍騰跳不止。這麼大的收穫，弄得其他垂釣者羨慕不已。

可令人意外的一幕發生了，這名垂釣者卻解下魚嘴內的釣鉤，順手將魚丟進了河裡，隨後將魚鉤甩入河裡繼續垂釣。不僅是其他釣魚的人，就連圍觀的人都驚呼不已。「這麼大的魚，難道他還不滿足？」人們紛紛議論起來。

就在眾人屏息以待之時，這名垂釣者的魚竿又是一揚，這次釣上的是一條兩尺長的魚，看得大家的眼睛都為之一亮，而這垂釣者仍是不看一眼，順手又把魚扔到了河裡。

第三次，釣者的魚竿再次揚起，只見釣線末端鉤著一條不到一尺長的小魚。「毫無疑問，他肯定會把這條魚也丟棄。」圍觀的眾人們都這麼想著。

又一件意料之外的事情發生了，垂釣者將小魚解下之後，竟小心翼翼地將其放進自己的魚簍中，然後收竿準備離去。

別說圍觀的，連旁邊的其他釣魚者都十分不解。

「你釣魚為何捨大而取小呢？」旁人忍不住問道。

「哦，因為我和妻子兩人吃不下那麼大的魚，況且我家最大的盤子只不過一尺長，太大的魚釣回去，盤子也裝不下。」

這時，站在一旁觀看的虛有禪師不禁感嘆道：「在人生的道路上，找到適合自己的目標非常重要。否則，將永遠掙扎於不滿的情緒之中。」

禪師說的對，確定適合自己的目標，不為名利所誘惑，才不會掙扎於不滿的情緒中。

老子言，「自知者明」、「自勝者強」，能夠清醒地了解自己的優劣，明白自己的內心，懂得自己想要什麼，並且有足夠的心志去戰勝自己的弱點，克服內心的私欲，這樣的人才是真正明智的，才算得上是強者。而人若能知足，控制自己的貪念，明瞭自己不需要的東西，在利益面前懂得取捨，又何愁不富足。

日日是好日

「春有百花秋有月，夏有涼風冬有雪。若無閒事掛心頭，人間便是好時節。」

—— 慧開禪師

唐末著名的雲門文偃禪師有高深的佛法智慧，其流傳下來的文字資料十分豐富，其中有一段，還得到人們的廣泛傳誦。

有一天，雲門文偃禪師上堂對眾人說：「十五日以前的事，我不問你們，十五日以後的事，你們說上一句來。」

眾人一片沉默，無人能夠回答。

於是雲門禪師代答道：「日日是好日。」

雲門禪師為何會發如此之問？

十五月圓以前，無明、新月、弦月、望月、滿月，用以比喻禪學之人由悟道之初至大道學成的一個從無到有、歷經坎坷的過程；而十五之後，是滿月、望月、弦月、殘月、入滅，則喻春夏秋冬人間四個時節之變幻無常。

然則即使人生變幻無常，雲門禪師卻給我們道來：日日是好日。

是的，日日是好日。自然四季更迭，人生命途多舛，但是只要人人保有積極向上的心態，樂觀開朗的情緒，就能身臨逆境，而坦然處之，面對毀譽，寵辱不驚，這樣日日便都是好日。

去除瞋怒

「處世讓一步為高，退步即進步的張本；待人寬一分是福，利人實利己的根基。」

—— 《菜根譚》

古代有兩位禪師，一個叫坦山，一個叫雲升。坦山放蕩不羈，於酒不戒；雲升為人莊重，不苟言笑。

有一天，坦山在喝酒時見雲升從門前經過，便邀其一起喝酒，卻被雲升婉拒了。

「連酒都不喝，真不像人！」 被拒絕的坦山說道。

雲升聽後大怒，氣憤地說：「你敢罵人！」

坦山疑惑地說：「我並沒有罵你！」

雲升說：「你說不會喝酒就不像人，這不是明明在罵我嗎？」

這時坦山緩慢地說道：「你的確不像人。」

雲升更生氣地追問：「好！你罵我，我不像人像什麼？你說！你說！」

坦山一本正經地說：「你像佛。」

雲升啞然不知如何。

「若以爭止爭，終不能止；唯有能忍，方能止爭。」避免發生瞋怒的方法是寬容。一方面，要避免傷害到別人，就應該注意維護別人的自尊；另一方面，要學會運用善巧的言語給別人一些方便，為別人設身處地想一想，這樣，就不容易引發別人的瞋怒。

信任消除疑慮

> 「善疑人者，人亦疑之；善防人者，人亦防之。善疑人者，必不足於信；善防人者，必不足於智。知人之疑己而弗舍者，必其所存也；知人防己而避者，必有其所倚也。」

—— 《郁離子》

一位船夫，出門之前和妻子吵了一架，心情十分糟糕。

帶著一肚子的怨氣與怒氣，船夫來到岸邊，準備開工。這時，來了兩個年輕人要渡海，於是雇了這位船夫的船。

這兩個年輕人上了船後就發現船夫的神色有些不對勁，始終板著臉、皺著眉頭，看上去有些可怕。

「難道上了賊船？聽說這一帶強盜常常出沒，他們假扮成船夫，專門搶劫乘船人的財物，然後再把乘船人扔到江裡淹死。」兩個人這樣想著，不由得害怕起來。他們剛剛從城裡幹活回來，好不容易積攢了一些錢財打算拿回家糊口，這些錢可全都帶在身上。於是兩個人開始小心翼翼地商議應該如何對付這個身體強壯的船夫。

而船夫呢，心裡一直在想著早上與妻子吵架的事情，「本來就是因為一點小事，自己為什麼要發那麼大的火呢？妻子平時為家裡操勞也很辛苦啊，我真不該向她發火……」想著想著，船夫後悔不已。

「等送走這兩位客人，我要趕快回家去向妻子道歉。」想到這，船夫就抬起頭來使勁划船。

可這一抬頭，船夫看到兩位乘客背對著他鬼鬼祟祟地在商議著什麼，於是心生疑慮，「難道這兩個人是壞人？越看這兩個人就越不像好人。剛

才只顧著想妻子了，竟沒注意這兩個人是如此可疑。」船夫的心情開始沉重起來，不覺深深皺起眉頭。

兩個年輕人看到船夫的表情更加難看，心裡更是害怕。其中一個想到自己為兒子買了一把玩具手槍，於是拿出來壯膽，另一個高個子則故意大聲暗示自己有十幾個弟兄在岸邊接應，如果到時候看不到他們上岸就會找江上的船夫算帳。

船夫聽到他們惡狠狠的話嚇了一大跳。就在這時，因用力過度，手中的船櫓「啈」的一聲就折成了兩截。他一手拿著一半船櫓，怒視著兩位乘客。

船夫的這一舉動嚇壞了這兩個年輕人，「難道這船夫現在就要動手搶錢？」年輕人戰戰兢兢地想著，「不管怎樣，我是不會就此將自己辛辛苦苦賺來的血汗錢拱手相讓的。」兩人互相使了個眼色，於是他們決定做最後的一搏。

其中的高個子首先站起來向船夫做了幾個功夫招式，然後用力一掌劈向船舷，船開始劇烈地搖晃。

此時船夫也被嚇到了，「看來他們真的是壞人，不管怎麼說，先保住性命再說。」船夫想完，便縱身一躍，跳下了船。與此同時，兩個年輕人為了保命，懷著與船夫同樣的想法，一齊跳入了大海。

看著雙方都跳下了船，大家都感到納悶，怎麼不見對方搶錢，反而跳進了水裡呢？來不及多想，兩個年輕人中的一人因水性不好，剛遊了幾下就大呼救命。高個子一邊在水裡撲騰，一邊求船夫饒過他們，並說他們願意將身上的錢全部交出來。船夫還沒弄清是怎麼回事，可是想到救人要緊，於是把兩位乘客一一救回船上。

好不容易，三個人都上了船。經過一番解釋，三人才知道這是一場誤會。

　　人與人不信任，便有了猜疑，有了誤會。陌生人之間如此，親人、夫妻、朋友、上司與下屬之間亦如此。你不信任人，人也不信任你，於是互相提防，久而久之，誤會便生，矛盾便起，關係鬧僵，無法繼續交流，更無法相處。

　　張九齡說：「推心置腹，開誠布公。」在與人交往的過程中，彼此的信任是首要的。人與人相交，如果能對彼此多一些信任，就可省去很多糾纏與麻煩，更重要的是，信任，讓人與人之間產生更多溫情。

猜疑，只會失去更多

> 「多疑也是病。」
>
> —— 華佗

一個婦人來到弘光法師面前，向大師訴說了自己的苦惱。

婦人說：「我一直覺得我丈夫有外遇，並不斷地尋找他對我不忠的證據，可找了這麼多年，卻始終找不到任何證據。這讓我每天都忐忑不安。」

大師問：「能否告訴我，你為何會懷疑自己的丈夫呢？」

婦人說：「我和丈夫曾是貧賤夫妻，一起奮鬥打拚，同甘苦、共患難了十多年。今天，我丈夫功成名就，事業上如日中天，為人豪爽大方，自然會成為眾多女性的追求對象。而我隨著歲月的流逝，青春已不在，他肯定會在外面另尋新歡。我真的很擔心，自己為他付出了青春，他卻背叛我。」

大師靜靜聆聽，沉默不語。隨後，從桌子上拿起一個蘋果，又拿起了一把刀子，開始給蘋果削皮。

大師對婦人說：「你看，這個蘋果，看來看去飽滿紅潤，像是一顆好蘋果，可是我卻懷疑這個蘋果裡面有蟲子。」

說著，大師開始一圈圈地把蘋果的果肉削掉。大師一邊削，一邊說：「怎麼還是找不到蟲子？」大師顯得急躁起來，削蘋果的速度也越來越快。不多久，大師手中原本圓潤的蘋果竟只剩下一個乾癟的蘋果核了。

婦女見了，忍不住嘆息：「可惜了這麼好的一個蘋果……」

大師笑了，點頭說道：「是啊，多麼美好的東西，因為懷疑它有蟲子，就一圈圈地削，削到最後，終於發現，這確實是一個好蘋果。所謂蟲子，其實是不存在的。可是等我們明白的時候，蘋果已經沒有了，最終只會剩下一個乾巴巴的果核。」

婦女聽完，羞愧地低下了頭。

有句話說得好「猜疑有如蝙蝠，他們永遠是在黃昏裡飛的」。猜疑使人精神迷惘，陷於困頓。親人之間的猜疑帶來隔閡，夫妻間的猜疑帶來爭吵，朋友之間的猜疑帶來疏遠，主管與下屬間的猜疑帶來背叛……猜疑，是和諧人際關係的一道障礙。

與其浪費光陰去揣測別人，不如努力完善自己，增加自信；與其費盡精力去妒忌猜疑，不如多花一份心思去關懷、理解、溝通；與其驚恐擔憂背叛或失去，不如享受當下，珍惜擁有。

遇到問題，猜疑，是無謂的，這只會讓自己失去得更多，失去得更快。

吝嗇是一種病態

「儉，美德也，過則為慳吝，為鄙嗇，反傷雅道。」

—— 《菜根譚》

有位信徒到寺院拜訪默仙禪師尋求幫助。

一見到默仙禪師，這位信徒便說道：「大師，我的妻子慳貪吝嗇，一毛不拔，哪怕是布施錢財、行善助人，她都不願意。能否請您到我家去，向我太太開示，讓她從此不再吝嗇，能行些善事嗎？」

默仙慈悲地應允，跟隨這位信徒前往其住所。

當默仙到達信徒家時，信徒的妻子出來迎接。果然如信徒所說，其妻真是吝嗇，連一杯茶水都捨不得端出來接待禪師。

禪師將一隻手的拳頭緊握，說道：「夫人，你看我的手，天天都是這樣握著拳頭，你覺得如何？」

夫人看了看緊握的拳頭答道：「如果人的手天天都是這個樣子，那肯定不正常，肯定是一種病態！」

默仙禪師立刻說道：「夫人！你說得不錯，這手如果總是緊握拳頭，就是一種病態。對於錢財也是一樣，只知道貪取，不知道布施，是一種病態；只知道花用，不知道儲蓄，也是一種病態。錢要流通，要能進能出，要量入為出。」

吝嗇是一種病態。吝嗇之人往往是受到自私心理的驅使，久而久之，心理走向極端，不擇手段地聚斂財富，甚至為了物質財富而變得卑鄙齷齪，疏離了精神，淡化了親情，最終演變成一種自私、冷漠、封閉的變態

心理。

　　其實，真正的擁有在於分享。物質財富，生不帶來，死不帶去，不過是過眼雲煙一樣虛幻，人沒有必要太執著於此。相反，若能鬆開緊握的拳頭，布施於人，學會分享，張開雙手，世界便在你的掌中。

成由勤儉敗由奢

「一粥一飯，來之不易；半絲半縷，物力惟艱。」

—— 朱柏盧《治家格言》

　　一個財主的孩子從小就錦衣玉食，過著富足的生活。他從不知道稼穡之艱難，處處奢侈浪費。

　　他很喜歡到離家不遠的飯館裡吃餃子，但每次吃餃子卻極為浪費，只吃餃子裡的肉餡，而把餃子皮全部吐掉。這讓人極為看不慣。

　　後來，男孩家裡突然間遭遇火災，寬闊奢華的房屋一夕之間夷為平地，家中財物全部化為烏有。男孩淪落成了乞丐，為了生存，他每天四處乞討要飯。

　　一天，男孩要飯要到他以前常去吃餃子的飯館，老闆不但沒有拒絕他，還給他做了一碗美味麵皮。男孩把這碗麵皮連麵帶湯吃得精光。吃完，男孩擦了擦嘴，感動得不停向老闆道謝。

　　「不用謝，今天煮給你吃的這些麵皮都是當初你吃餃子時扔掉的皮，我不忍心浪費，於是每次都把你扔掉的皮揀起來，晒乾了以備用。」老闆說道。

　　男孩聽完，什麼也說不出來，想起自己以前浪費了那麼多糧食慚愧不已，再看看自己的遭遇，感慨萬千……

　　節儉，與家境無關，窮人要節儉，富人也要節儉。人若執於外物而追求無度、浪費無度，所釀造的一切罪業與苦果，到頭來都必定還報到自己身上。

佛家認為「人生的福報是有限的」，畢竟人生的境遇是有變化的。懂得節儉，就是懂得珍惜，珍惜擁有，才會富足。

健康不能揮霍

「盈縮之期，不但在天；養怡之福，可得永年。」

—— 曹操

在達摩祖師的眾多弟子中，有兩人佛法最高：大弟子和小弟子。可兩人的性格卻迥異：大弟子常年勤勤懇懇、默默無聞地幫助別人，只要別人有需要，他都鞠躬盡瘁；相比之下，小弟子則顯得沒那麼無私了，他每隔一段時間都會放下手中之事，跑到深山裡去。很多人都認為小弟子喜歡偷懶，於是對大弟子的評價總大大高於對小弟子的。

一天，達摩祖師讓這兩名弟子雲遊四方，普度眾生，兩名弟子欣然答應，一起下山行善助人。

十年過去了，大弟子的名聲蓋過了小弟子，在所有弟子中名聲也最為響亮。

又一個十年過去了，大弟子的身體越來越差，別說助人，甚至連自己都需要人照顧了。可此時，世人忽然發現，身邊多了很多行善助人的年輕僧侶，而這些僧侶都有一個習慣，就是每隔半年就跑到深山裡去了。

後來，人們得知，這些年輕僧侶都是達摩祖師小弟子的徒弟。而那些曾對小弟子有誤解和偏見的人們這才恍然大悟，不禁由衷地讚嘆小弟子是「高僧」、「智者」。

古語有云：業精於勤。然而若只有勤，只是一味地去消耗身體，業也不見得就會精。畢竟，健康是智慧的條件，是勤奮的基礎。

曹操認為，人壽命的長短不僅僅在於天意，調養身心也可以長壽。他

所說的「養怡」，便提出了對自身健康的關愛與重視。正如某位教育家曾說：「一個人的身體，絕不是個人的，要把它看作社會的寶貴財富。凡是有志為社會出力，為國家成大事的青年，一定要十分珍視自己的身體健康。」

懂得休息、放鬆、享受快樂、儲蓄健康，這才是真正的智者。掌握好張弛之道，健康便如細水長流，不易枯竭。有健康，才有希望；有希望，便可擁有一切。

眼見不一定為實

「不要過度相信自己的眼睛，因為它有時也會欺騙你。」

—— 作者題記

孔子的一個學生在煮粥時，發現有髒東西掉進鍋裡去了。他連忙用湯匙把它撈起來，正想把它倒掉時，轉念又想：「一粥一飯都來之不易，豈可如此浪費啊。」於是拿起那一勺粥準備送往嘴裡。

就在學生把勺子放入嘴裡的那一瞬間，剛巧孔子走進廚房。看著學生獨自一人在廚房裡偷食，孔子便忍不住教訓了他。

等孔子訓完，學生便將事情始末一一道明。這時孔子才恍然大悟，不禁感慨道：「親眼所見都不確實，何況是道聽塗說呢？」

眼睛所見只是事物的表面現象，它捕捉到的資訊並非正確；加之人們主觀上本來就容易產生錯覺，若凡事都僅憑一時所見的現象，直覺地做出判斷和決定，往往會被表面現象甚至假象所迷惑，有如盲人摸象、管中窺豹，只會將錯就錯，導致錯誤與悔恨。

既然「親眼所見都不確實，何況是道聽塗說」，那我們不管在面對事物、現象或是人們時，除了考慮自己親耳所聽、親眼所見，還應該靜心分析與思考，用理智來精細推測，用開放的心胸來包容，這樣，我們才不至於被迷惑、被誤解，也才不至於誤解別人以致情誼受損。

人世間的許多真相要用至真至誠的心靈才能體察得到，所以，只要放下自我觀念，識別真假的智慧就會自然而出。

收起挑剔的眼光

「挑剔，是一種自我折磨。」

—— 作者題記

一位禪師收了個悟性很高的和尚做徒弟。

相處一段時間之後，禪師發現，這個徒弟機靈聰穎，各方面資質都不錯，就是為人過於高傲，常常看不慣別人的行為，對別人過於苛刻，以致於與其他師兄弟的關係很不好。

一天，禪師在給這個徒弟授課時，這個徒弟竟忍不住在禪師面前抱怨起來：「師父，大師兄總是嘮嘮叨叨，經常打擾我參禪悟道；二師兄粗心大意，我說了他好多次他也改不了……」

看著徒弟越說越控制不住情緒地暴躁起來，禪師開口了：「還有嗎？」

徒弟看師父的語氣有些不對，反而不說話了，情緒也變得平和了些。

禪師於是拿出一張白紙放在桌上，用筆在白紙上點了一下，然後放下筆，看著徒弟，問道：「你可否告訴我，你看到了什麼？」

「一個黑點啊。」徒弟不假思索地答道。

「只是個黑點嗎？」禪師繼續問。

一向自信滿滿的徒弟也開始猶疑了：「那不就是一個黑點嗎？哪還有什麼別的東西啊？」

禪師沉默了片刻說道：「只有一個黑點嗎？這麼大這麼潔白的一張紙你沒有看見？」

「原來您說的是這紙呀，我只是沒注意它……」徒弟不以為然道。

「白紙那麼大，你沒注意；黑點那麼小，你卻要關注著它？」禪師意味深長地嘆道。

徒弟若有所悟，慚愧地低下了頭。

那麼大一張白紙，怎麼就不去注意它呢？所有的目光與關注都聚焦在這麼不起眼的小黑點上，這又是為何？可以說，這是一種思維的定勢，也可以說，這是一種生活的習慣。都習慣了去關注黑點、汙漬、缺陷，即使很小，也看得清清楚楚；相反，對於大片的純淨、潔白、優點卻視而不見。

有一個比喻說得好：其實，每個人都背了兩個口袋，一個叫優點，一個叫缺點，優點放在前面，缺點放在後面，因此人人都容易看到別人的缺點和自己的優點，而很難看到自己的缺點和別人的優點。

之所以如此，是因為挑剔的眼光。不僅對人挑剔，還事事挑剔，於是時時不滿足，事事不滿意。其實，很多時候事情不過就像那白紙黑點一樣，那麼大的一張白紙，只有一個小黑點，已經近乎完美了，人卻還要盯著那個黑點不放，未免過於苛刻。

心理學上認為，挑剔，是一種自我折磨。愛挑剔的人，習慣於把全世界的錯都挑出來，然後背在自己的身上，讓自己去承受。愛挑剔的人，他們的內心是痛苦的，因為他們的內心裝滿了抱怨、憤恨。快快收起挑剔的眼光，去關注更多的美好，享受更多的滿足！

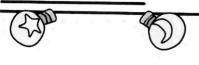

逐物而失己

「山河大地已屬微塵，而況塵中之塵；血肉身軀且歸泡影，而況影外之影。」
—— 《菜根譚》

柳宗元的《柳河東集》中有一則寓言故事，名為《蝜傳》：

「蝜者，善負小蟲也。行遇物，輒持取，昂其首負之。背愈重，雖困劇不止也。其背甚澀，物積因不散，卒躓僕不能起。人或憐之，為去其負。苟能行，又持取如故。又好上高，極其力不已。至墜地死。」

寓言說，有一種名叫「蝜」的小蟲子，生性很喜歡撿東西，牠在爬行時，不管碰到什麼東西，都會撿起來，放在背上。慢慢地，牠背的東西越來越多，爬行起來也變得越來越困難。儘管這樣，牠仍然不停地背東西。有人見了，可憐牠，幫牠把堆積在背上的東西拿下來，以便牠能夠輕鬆爬行。然而，一旦牠能夠輕鬆自如地行走時，又會習慣性地像以前那樣看到東西就撿，依然是背著重物向前爬。到最後，小蟲子身上背的東西越來越多，越來越重，這時，沒人幫他把背上之物拿下，牠終於被自己身上的重物壓死了。

世間之人為了生存而追求物質財富，如同爬行中的蝜不斷撿起東西往身上背一樣，財富、名利、權勢……直到把自己壓垮，也不願捨棄任何一個。

無盡的貪婪與欲望，最終會讓生命窒息。所以，任何時候，都要學會滿足，學會捨棄，這樣才不會讓自己迷失，才能行得更遠。

木偶人生

「看取棚頭弄傀儡，抽牽全藉裡邊人。」

—— 臨濟禪師

　　宋代的法演禪師有一天來到城裡，看到街道不遠處聚著一群人，還傳來一陣鑼鼓聲。

　　出於好奇，禪師也湊到人群中。走近一看，只見一塊黑布圍成了一個戲臺，臺上有十幾個木偶。這些木偶中有的穿戴華麗，有的破衣爛衫，有的濃妝豔抹，有的滿面灰塵，不管外表如何，木偶們個個轉動自如，能說會唱，喜怒不一。

　　正當禪師看得津津有味之時，忽然看見黑布在晃動，於是他走到黑布後面去一看究竟，原來幕後有一個人用雙手牽著木偶身上的繩索，口中模擬出不同的聲音。臺上小木偶的一舉一動、一言一行，全都由其掌控著。

　　禪師覺得實在是有趣，忍不住笑了起來，向這位幕後人問道：「先生貴姓？」

　　哪知那人回答說：「老和尚，你只管看就好了，何必問什麼姓呢？」

　　禪師一時啞口無言。

　　如果說人生如戲，不時常也在上演木偶戲？戲中之人演繹生活萬象，以為自己是主角，以為命運由自己掌控，卻不過都是些扯線木偶，自己的一舉一動全受幕後之手掌控，至於幕後之手是什麼，沒有幾人在乎。

　　幕後之手，是名利權勢，被此牽扯著的人們為了享有身份、地位而不斷往上爬；幕後之手，是金錢富貴，被此牽扯的人們忙碌奔波，窮思竭慮；

幕後之手是七情六欲，是花花世界的形色誘惑，被此牽扯的人們情迷意亂、放縱墮落……

人們被幕後之手任意牽扯著，舞動著，演繹著，無論是沉迷其中的，還是努力掙扎的，都成了犧牲品，自己命運的犧牲品。

其實，在生活的舞臺上，每一個人都應該是主角，都是自我命運的主宰者。只有不為權利所困，不為金錢所累，才能把人生演繹得更加精彩。

在黑暗中尋找光明

> 「光明與黑暗常常結伴而行,我們要學會在光明中警覺黑暗,在黑暗中尋找光明。」
>
> —— 作者題記

　　一個商人獨自一人走在荒野的山間。

　　行至轉彎處,突然從路邊跳出幾個粗壯的大漢。商人見其手中拿著凶器,一副惡狠狠的樣子,便知是要攔路搶劫,立刻撒腿逃跑。

　　被山匪窮追不捨的商人,在走投無路時,鑽進了一個漆黑的山洞。商人拿出手電筒,打亮一看,真沒想到洞口那麼小的山洞,裡面竟然這麼幽深。商人小心翼翼地在這縱橫交錯著大大小小的洞中洞裡繞來繞去。「這樣也好,沒那麼容易被山匪找到,而且還有希望找到別的出口。」商人心裡想著。

　　然而,電筒光很快就把山匪引了過來。商人最終被山匪逮住了,而且遭到一頓毒打,身上的所有財物,包括那把唯一能給他希望的小小手電筒也被山匪一起攜去了。

　　「幸好山匪並沒有要我的命。」商人又一次自我安慰,於是他從地上爬起來,雙手扶著冰冷的洞石,慢慢地挪動著腳步,在無邊的黑暗裡尋找希望。

　　山匪們用搶來的電筒照著路,心想,按照來時的路線返回,應該很快就能找到出口。可是兜兜轉轉了半天,他們不但沒有接近出口,反而走得更深了,在迷宮一般的山洞裡迷失了方向……而最終找到出口的,竟是商人!

　　誰會想到，擁有光亮的人迷失在黑暗中，身處黑暗的人卻最終找到了光明。

　　仔細思考，這樣的結局也是必然的。拿著電筒的山匪們借著燈光能看清腳下的石塊，能看清周圍的石壁，以至於不會碰壁，不會絆倒。但是，他們卻也因為習慣了眼前的光亮而失去對前方光亮的警覺，以至於錯過出口；而商人呢，雖然在黑暗中磕磕碰碰，行走得十分艱辛，但漆黑的環境卻讓他能夠敏銳感受到洞裡透進來的微光，正是這種對光明的渴望與警覺，讓他迎著這縷微光摸索爬行，最終找到了出路。

　　世事常常如此，身處光明的人往往容易被眼前的光明迷失了前進的方向；而身處黑暗的人，卻在磕磕絆絆中找到出路、走向成功。

另解「呆若木雞」

「大白若辱,大方無隅,大器晚成,大音希聲,大象無形,道隱無名,夫唯
道,善始且善成。」

—— 老子

《莊子》裡有這樣一個故事:

紀渻子為王養鬥雞。十日而問:「雞已乎?」曰:「未也,方虛驕而恃
氣。」十日又問,曰:「未也,猶應向影。」十日又問,曰:「未也,猶疾
視而盛氣。」十日又問,曰:「幾矣。雞雖有鳴者,已無變矣,望之,似
木雞矣,其德全矣,異雞無敢應者,反走矣。」

故事說的是,周宣王因為愛好鬥雞,於是叫一個名為紀渻子的人,專
門替他訓練鬥雞。

過了十天,周宣王就迫不及待地問紀渻子:「是否將鬥雞訓練好了?」

紀渻子回答:「還沒有,這隻雞現在表面看起來氣勢洶洶的,其實還
並沒有什麼底氣,需要再加以訓練。」

又過了十天,周宣王再次詢問鬥雞的訓練情況。

紀渻子說:「還不行,因為牠一看到別的雞的影子,馬上就緊張起來,
說明還有好鬥的心理,這樣的鬥雞是不容易取得勝利的。」

再過了十天,周宣王忍耐不住,再次去詢問。

紀渻子依然搖頭答道:「還是不行,這隻雞還有些目光炯炯,氣勢未
消。」

這樣又過了十天,紀渻子找到周宣王說道:「鬥雞訓練好了。您看牠
已經有些呆頭呆腦、不動聲色,看上去就像木頭雞一樣,這就說明牠已經

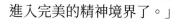 另解「呆若木雞」

進入完美的精神境界了。」

宣王於是把這隻雞放進鬥雞場。果然，別的雞一看到這隻「呆若木雞」的鬥雞，害怕得掉頭就逃。

莊子所言的「呆若木雞」並不是真呆，只是看著呆，實際上潛藏著很強的戰鬥力，牠目光凝聚、紋絲不動就令敵人望風而逃。沒有驕氣，沒有盛氣，才能具有內在的一股霸氣。

蘇軾曾說，「大勇若怯，大智若愚」，呆若木雞與大智若愚一個道理，真正有大智慧的人表現在外面的也許是愚鈍，真正有能耐的人看起來卻有些笨拙，真正無畏的人又往往會被人誤解為膽怯，可一旦遇到非常境況，這些人往往能夠表現出非同尋常的能力。

少成若天性，習慣成自然

「習慣是一種頑強而巨大的力量，它可以主宰人生。」

—— 培根

一個青年從城市到鄉下考察。

來到鄉村田野間，這個青年看見一位老農夫把一頭大水牛拴在一根小木樁上。

青年覺得有些可笑，這麼矮小一根木樁，怎麼可能拴得住偌大的一頭牛，於是就走上前對老農夫說：「大伯，您這樣，牠會跑掉的。」

老農夫呵呵一笑，信心十足地說：「牠不會跑的，放心吧，從來都是這樣的。」

這個青年有些迷惑，繼續問道：「不可能吧？這麼一根小小木樁，牛只要稍稍用點力，不就拔出來了嗎？」

老農靠近青年，耐心地說道：「小夥子，我來告訴你吧，當這頭牛還是小牛的時候，就被拴在這根木樁上了。剛開始，牠不是那麼老實，有時想從木樁上掙脫，但是，那時他的力氣很小，折騰了一陣還是在原地打轉，見沒有法子，就變得委靡不振了。後來，牠長大了，卻再沒有心思跟這根木樁鬥了。有一次，我拿著草料來餵牠，故意把草料放在牠的脖子伸不到的地方，我想牠肯定會掙脫木樁去吃草的。可是，牠沒有，只是叫了兩聲，就站在原地望著草料。」

青年聽完，才明白過來，原來，約束這頭牛的並不是那根小小的木樁，而是牠多年的習慣。

少成若天性，習慣成自然

　　孔子曰，「少成若天性，習慣成自然」。習慣，一旦養成，便可輕易束縛人的思維、思想和生活。因為人性總有一個弱點，那就是或多或少的惰性。習慣的養成，說到底，是惰性使之。當你習慣了一種思考，習慣了一種行為，你便不會再想去改變。

　　因此，我們不妨時常清理一下自己的習慣，保留好的，摒棄壞的。

不拖、不靠

> 「今日復今日，今日何其少！今日又不為，此事何時了。人生百年幾今日，今日不為真可惜。若言姑待明朝至，明朝又有明朝事，為君聊賦《今日詩》，努力請從今開始。」
>
> —— 文嘉

永平寺裡，有一位八十多歲的老禪師在烈日下晒香菇。

住持道元禪師看到以後，忍不住說：「長老，您年紀這麼大了，為什麼還要做這種事呢？請老人家不必這麼辛苦，我可以找個人為您代勞呀。」

老禪師毫不客氣地道：「別人並不是我！」

道元禪師說：「話是不錯，可是要工作也不必挑這種大太陽的時候呀！」

老禪師說道：「晴天不晒香菇，難道要等陰天或雨天再來晒嗎？」

道元禪師一時語塞。

有句話說得好，「人這一生有兩件事情絕不能做：一是『拖』，不能拖到明天；二是『靠』，不能靠別人，否則你這一生就算白活了。」老禪師八十多的高齡還依然實踐著這句話，凡事不拖、不靠，親力親為，當下完成。

不拖、不靠，看似簡單，其實考驗的正是人的心志。懶惰是人性的大弱點，要做到不依靠他人，不拖拖拉拉，就必須有毅力去克服自己內心的惰性，讓自己的筋骨活躍起來，讓自己的思想獨立、自律起來，今日事今

不拖、不靠

日畢，親力親為，勤勤懇懇，刻苦耐勞。

若凡事都能做到「不拖」、「不靠」，人生便無難事。

不要好心做壞事

「愚昧無知的關愛，是一種可怕的傷害。」

—— 作者題記

一隻小白兔在森林中不小心被樹枝戳傷了肚子，於是牠忍著傷痛搖搖擺擺地走在回家的路上。

一路上，小白兔一遇到同伴就出示傷口，以博取它們的同情，其他兔子為了表示關懷，都撥開牠的傷口，仔細地檢視，並且七嘴八舌地建議牠如何治療。很快，小白兔肚子上原來挺小的傷口逐漸變成了大傷口，並且嚴重感染了。

小白兔疼痛不堪，再也無法前進，於是就地趴下了。就在小白兔奄奄一息時，其他的兔子為了表示友愛，紛紛跑來看牠，再三撥開傷口檢視，有的甚至舔舐傷口，希望以此幫助小白兔恢復活力。

然而，正因為善良的兔子們這三番四次的折騰和舔舐，小白兔承受不了，終於氣絕身亡了。

同伴們不相信這只小白兔竟因如此小傷而死亡，還不停地撥弄小白兔的屍體，希望能使牠起死回生，直到小白兔的屍體發臭，同伴們才黯然地把牠埋葬了。

善良的兔子們好心幫助，卻害死了自己的同伴。

愚昧無知的關愛是一種可怕的傷害；做善事卻不深明其理，只是在枉費心機，結果等同於行惡造孽。這樣的悲劇在現實中不是常常上演嗎？一個人犯了錯或是受到傷害，其父母、師長、親朋、好友……為了幫助他，

個個都來反覆揭開那其實本可癒合的傷口，結果，只弄得傷口更大，痛苦更深。

行善助人值得提倡，只是，在幫助別人之前都應該想想，別人真正需要的是什麼，如何做才是對他最有益的，千萬不要好心做壞事。

強弱本無形

「亂生於治，怯生於勇，弱生於強。治亂，數也；勇怯，勢也；強弱，形也。」

—— 《孫子兵法》

一個老和尚帶著兩個小和尚外出，途中，下起了大雨，他們趕緊躲到一座破廟的屋簷下。

「師父，您看那邊……」一個小和尚指向廟裡的牆角處膽怯喊道。

只見在牆角處停著一條大蛇，牠正昂著頭，虎視眈眈地準備攻擊上方的一隻黑蜘蛛。

「看來那黑蜘蛛凶多吉少了……」另一個小和尚雙手合掌於胸前嘆道。

可能由於蜘蛛的網太高，蛇碰不到，於是過了一會兒，蛇便準備離開。兩個小和尚一齊鬆了口氣。

可是，出乎大家意料的事情發生了。黑蜘蛛忽然掛在一根絲上爬了下來，身子懸在半空，像要追蛇的樣子。蛇被激怒，又昂起頭要吞食蜘蛛，蜘蛛拉著絲飛快地爬了上去。

「那蜘蛛實在是自不量力呀……」一個小和尚忍不住嘆道。

「就是，何必自尋死路呢。」另一個小和尚答道。

老和尚依然一言不發，靜靜看著。

只見蜘蛛與大蛇對視了一段時間，大蛇又準備爬走了，哪知蜘蛛又像剛才一樣，再一次掛在一根絲上很快地爬下來了，蛇又昂著頭要吞牠，蜘蛛又回到了牠的網上守著。

如此三四次的對峙之後，蛇有些疲憊了，便將頭伏在地上休息。蜘蛛

強弱本無形

乘其不備，奮力跳下，抓住蛇頭，拚死不動。由於這是一隻毒蜘蛛，其體內帶致命的劇毒，使得巨蛇狂跳不止，直至死亡。蜘蛛於是吸飲蛇腦，吃飽了才離開。

「實在不可思議呀！」兩個小和尚驚呆了，異口同聲道。

「萬事皆有可能，強弱，本無形。」老和尚說道。

老和尚說得好，強弱本無形，孫子所言「強弱，形也」，其實是在提醒我們，強弱本就沒有固定之形，強弱常常可以互相轉化……

蜘蛛本被蛇視為獵物，最終卻成為巨蛇生命的終結者。蜘蛛捕蛇，不可思議，確是事實。蜘蛛雖小，但機動靈活，且具有致命的毒性；巨蛇雖猛，但能觸及的高度有限，靈活性弱於蜘蛛。巨蛇因為自身的體型優勢而低估了蜘蛛致命能力（蜘蛛體內的毒性）；相反，蜘蛛懂得運用自己的靈活性來反覆消耗蛇的體力和耐心，趁其不備，發起進攻，以己之長，攻敵之短，最終獲勝。

世事無絕對。強與弱本來就是相對而言的。沒有絕對的強者，沒有絕對的弱者，人總是優劣互存，長短互見，強弱常常會隨環境而互相轉化，重點是要客觀正視自身條件，根據不同的環境因地制宜，善於運用自身的特點，避實就虛、取長補短，而不要因陋就簡、以短擊長。

功德無量

「處世而欲人感恩，便為斂怨之道；與事而為人除害，即是導利之機。」

—— 佛家偈語

誠拙禪師在圓覺寺弘法時，每次講經，聽眾都會擠得水泄不通，於是有人提議建一座寬敞一些的講堂。

有一個信徒用袋子裝了五十兩黃金送給誠拙禪師，並對誠拙禪師說：「這些錢是用來捐修講堂的。」

誠拙禪師收下錢後，就忙別的事去了。

信徒對禪師的態度非常不滿，心想：要知道，五十兩黃金可不是一筆小數目，我做了這麼大的一個功德，禪師竟連個「謝」字都不說。

於是信徒就緊跟在誠拙禪師的後面提醒道：「師父！我那袋子裡裝的可是五十兩黃金啊！」

誠拙禪師漫不經心地應道：「您已經說過。我知道了。」

禪師並沒有停下腳步，信徒忍不住了，提高嗓門喊道：「喂！師父！我捐的五十兩黃金可不是小數目呀！難道你連一個謝字都不肯講嗎？」

誠拙禪師停下來，對那位信徒說道：「你捐錢給佛祖，為什麼要我跟你說謝謝？你決定布施是你的功德，如果你要將功德當成一種買賣，我就代替佛祖『謝謝』你，請你把這聲『謝謝』帶回去吧，從此你與佛祖『銀貨兩訖』了！」

捐錢布施本是件善事，然而捐錢人太在意自己所做的善事了，結果，讓自己的善行變成了一樁買賣。其實，真正的布施是不求任何回報的。如

功德無量

果企望別人的感激，企望任何物質的回報，那麼布施者和受施者，都需要為布施而負責、承擔，這樣，就變成一種交易了。

功德無量，也是在說，功德是無須衡量的，是無須一塊牌匾、一個虛名甚至是一聲「謝謝」來衡量的。當一個人在做功德、在布施時，不僅僅是「身」的行動，「心」和「意」也一起行動，因此帶來的是真正的快樂。慷慨和布施將使一個人獲得提升。一個慷慨的人，以慈悲心對那些需要幫助的人伸出援手時，生出的慈悲和善心，足夠控制自己的自私和貪著。

可是，人的觀念一旦執著於自我，思想就難免狹隘，即使有善行，也未必能有善心 —— 一種無私的、充滿大愛的善心。其實只要放下那種過於關注自我的執著，關愛自己的同時也關愛他人，一切順其自然，單純地付出，不求回報，放下虛榮，看淡得失，顯現出人性的本真，這個時候，善行與善心是合一的，這個時候，才是功德無量。

畫心

「畫虎畫皮難畫骨，畫人畫面難畫心。」

—— 月船禪師

月船禪師以善於繪畫而聞名，凡其所作之畫必是惟妙惟肖，栩栩如生。人們對於他的畫，無不讚賞有加，可對他的人，卻頗有微詞。

這是為何？說來確實令人不解。月船禪師身為一名僧侶，本該淡泊名利，可他每次替人作畫，都要收取一筆不菲的酬勞，而且必定要在作畫之前先拿到錢，否則便不動筆。禪師如此看重金錢，難怪會招非議。

有一富家女子聞知此事，十分鄙視月船禪師，決定奚落他一番。

一天，女子找到月船禪師為其作畫。果不其然，禪師一張口，就詳細詢問酬勞多少。

「你要多少就付多少！」女子爽快地回答道，「但有個條件，你必須要到我家去當眾揮毫。」

月船禪師答應了。來到女子家中，只見熱鬧非凡，原來她的家中正在擺酒宴客。

這時，女子當眾指著月船禪師輕視地說道：「我給大家介紹介紹，站在我身邊的這個人既是和尚也是畫家，他的畫雖然畫得很好，但他一心只想著要錢，金錢玷汙了他作品中的真善美。出於這種汙穢心靈的作品是不配掛在客廳的，它只能裝飾我的一條裙子。」

說著便指著自己身下的裙子對月船禪師不屑地說道：「你就把畫畫在我這條裙子上吧。」

　　當眾被責罵和侮辱的月船禪師竟然什麼也不說，只問了一句：「我給你畫這畫，你出多少錢？」

　　女子沒看他一眼，昂著頭答道：「你想要多少就給你多少。」

　　月船禪師聽完，毫不客氣地開了個令在座的人瞠目結舌的天價，接著俯下身軀，蹲在這女子腳下，拿起畫筆靜靜在她裙子上畫起畫來。

　　不多久，作畫完畢，月船禪師一句話也不說，拿起錢便離開了，留下在座人們議論紛紛。

　　此事傳開，月船禪師更是聲名狼藉，各種流言、指責四處彌散著。

　　多年以後，月船禪師退隱山林，不再作畫，但關於此事的是是非非還未能停息。大家都覺得，這個為了錢連尊嚴都不要的和尚之所以退隱，是心虛而逃避。

　　直到有一天，一個消息傳來，謠言終於停止了。

　　原來，月船禪師居住的地方常發生災荒，當地富人不肯出錢救助窮人，月船禪師為了能建一座糧倉，貯存稻穀以供賑濟之需，只有賣畫攢錢。糧倉建成，月船禪師便不再作畫了。

　　這麼多年來，背負著各種罵名的月船禪師什麼也不多說，只是一如既往，默默地做著自己認為對的事情，直到心願達成，退隱山林之時，他才說了這麼一句話：「畫虎畫皮難畫骨，畫人畫面難畫心。錢，是醜陋的；心，是清淨的。」

　　世間的是是非非總有人評說，或讚譽，或詆毀，對於捲入是非的當事人，無須太在意別人的評說，而應憑自己去慎思辨別對錯，泰然處之；對於評論是非的旁觀者，不要人云亦云，更不要枉下定論 —— 因為，人心難測，你不能任意描畫。

　　社會的複雜使得人心藏得很深；世事的紛亂也常常淹沒了人心的原始面貌。畫心，確實不是件易事。

或許，人心只能交由時間去描畫。當時光流逝，浮躁褪去，人心便可真實顯現。

預約明天的幸福

「人無遠慮，必有近憂。」

—— 孔子

有兩個和尚分別住在相鄰的兩座山上的廟裡。這兩座山之間有一條小溪，於是這兩個和尚每天都會在同一時間下山去溪邊挑水，久而久之他們成了好朋友。

就這樣，時間在每天挑水中，不知不覺過了五年。有一天，左邊這座山的和尚沒有下山挑水，右邊那座山的和尚心想：「他大概睡過頭了。」便不以為意。

哪知道第二天，左邊這座山的和尚還是沒有下山挑水，第三天也一樣。過了一個星期，還是一樣。直到過了一個月，右邊那座山的和尚終於受不了，他心想：「我的朋友會不會生病了？我要過去拜訪他，看看能幫上什麼忙。」

於是他便爬上了左邊這座山，去探望他的老朋友。等他到了左邊這座山的廟裡，看到他的老友之後大吃一驚，因為他的老友正在廟前打太極拳，一點也不像一個月沒喝水的人。他很好奇地問：「你已經一個月沒有下山挑水了，難道你不用喝水嗎？」

左邊這座山的和尚說：「來來來，我帶你去看。」

於是他帶著右邊那座山的和尚走到廟的後院，指著一口井說：「這五年來，我每天做完功課後都會抽空挖這口井，即使有時很忙，能挖多少就算多少。如今終於挖出井水，我就不用再下山挑水，我可以有更多時間練

我喜歡的太極拳。」

生活中，很多人都對自己的處境不太滿意。可是即使每天面對諸多不如意，很多人也只是停留在抱怨上，發發牢騷而已，從未付諸行動去改變自己，改善不如意的現狀。

為什麼不能像故事中的小和尚一樣呢，倘若對今天的處境不滿意，就設法去改變它。就像挖一口井，無論井有多深，只要每天都堅持去挖，不斷地挖，終有一天會流出清澈的甘泉。

或許也有人會習慣於今天的現狀，對今天的生活很滿足，可是，今天的躊躇滿志不代表明天依然可以春風得意，要想繼續擁有明天的幸福，就必須在今天開始著手，開始儲蓄，開始耕耘，持續不斷地奮鬥。幸福的日子是靠持續不斷的努力編織出來的，只有在每一個今天裡把自己的計畫付諸行動，才能預約幸福的明天。

生命不止，奮鬥不息！

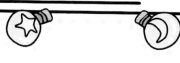

逆流而上

「生命長河，浩浩蕩蕩，我們不要隨波逐流，而應逆流而上。」

—— 作者題記

在一條河流旁邊，有一座寺廟，廟前坐落著兩尊石獸。

一年，暴雨成災，寺廟的山門終被數日的暴雨沖塌，倒下的山門將門前的石獸撞到了河流裡。

十年後，這座寺廟終於募集到足夠的善款重修山門。山門修好了，但和尚們總覺得少了些什麼。這時，老和尚才想起被撞入河裡的石獸來，於是派弟子紛紛下河尋找。

弟子們順著河流的方向，朝著東邊一路向下游找了十多里地，卻不見其蹤影。

「就算被河流沖了十年，可石獸那麼沉，也不至於被沖出十里以外的範圍啊……」弟子們個個納悶著。

「石獸不應該在下游。」這時，一位在廟中講學的先生提出他的見解，「石獸由沉重的大石頭製成，它們不像木頭一樣會被流水沖走，石重沙輕，石獸必然在其當日掉落之處朝下沉，你們往下游找，怎麼找得到呢？」

眾人聽聞，覺得言之有理，於是返回寺廟門口，幾個弟子潛入河裡重新搜尋，其他弟子在岸邊做好了接應的準備。大家相信，石獸很快就能找到。然而，等了多時，等到的結果卻是：依然找不到石獸。

這就讓所有的弟子都為難了，難道石獸早被人打撈走了？大家無功而

返，回到廟裡，將情況如實稟告師父。

師父聽完，沒說什麼，帶上幾個弟子便出去了。很快，他們就回來了，而且還帶回了兩個正滴著水的石獸。

「找到石獸了！在哪？」

「河流的上游。」

上游？弟子們聽完，都愣住了。

師父這才慢慢解釋道：「凡大石落入河中，水急石重而河床沙鬆者應求之於上游。這是因為，那石獸很重，而河沙又鬆，西來的河水沖不動石獸，反而把石獸下面的沙子沖走了，還沖成一個坑，時間一久，石獸勢必向西倒去，掉進坑中。如此年復一年地倒，就好像石獸往河水上游翻跟斗一樣，不斷逆流而上。」

很難想像，河中之物竟然會自己逆流而上。然而細細想來，在歷史長河中，逆流而上的又豈止石獸？

很多成功人士，有自己獨立的思想、堅定的信念、明確的方向，平時自己累積了足夠厚重的知識、智慧、意志，因而在生活的河流中，他們不但不隨波逐流，反而會逆流而上。

因此，如果不想隨波逐流，我們就要不斷汲取更多的精神食糧和知識養分，以獨立的思想和堅定的信念去迎接挑戰。

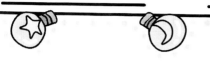

生命之泥

「眾生如同一團泥，本質都一樣，只是塑造成了不同的形象。」

—— 佛家偈語

深山上的小寺廟裡住著一個老和尚和他的徒弟。

一天，一位達官貴人來到寺廟裡捐了很多財物，並在寺廟裡住了一段時間後告辭了。

達官貴人離去後的一天，一個衣衫襤褸、面黃肌瘦的書生，餓得暈倒在寺廟門外。

老和尚見了，趕緊和徒弟把書生扶進廟裡，並吩咐徒弟像招待達官貴人一樣給這個書生端上最好的茶水和齋飯。

小徒弟心裡嘀咕起來——上次那位達官貴人，為廟裡捐了那麼多的財物，自然有資格喝最好的茶，吃最好的齋飯；如今，這麼一個窮困書生，師父還如此厚待他，難道師父是老糊塗了？

書生暫住的時間裡，徒弟沒給他好臉色看，有時候趁著師父不注意，竟然讓他吃餿掉的飯菜。

書生告辭後，老和尚用泥巴塑了一個菩薩，放在廟堂正中，對徒弟說這是廟裡新近請的菩薩。於是徒弟每天認真地給菩薩燒香叩拜。

過了不久，老和尚便將泥菩薩削琢成一隻猴子放在廟堂當中。

徒弟看到泥菩薩變成了泥猴，嚇了一跳，停止了原來的燒香叩拜，拿著泥猴把玩起來。

老和尚問他：「怎麼不去上香了？」

「師父，那菩薩變成一隻猴子了。」徒弟回答。

老和尚在徒弟面前拿起泥猴，在手中反復捏了捏，一尊莊嚴的菩薩又栩栩如生。徒弟愣了，不明白師父如此，究竟是何意。

老和尚也不說話，只用棍子在徒弟的頭上敲了一下，自己念自己的經去了。可這一敲打，倒讓徒弟頓悟過來。

徒弟說：「師父，我明白了。眾生就如這團泥，本質都一樣，只是塑造成了不同的形象。而我之所以對前面的達官貴人謙恭、對後面的書生無禮，都是因為被其外在形象所迷惑了啊。」

老和尚笑了：「其實，了解那平平淡淡卻奇妙得可以捏塑出無盡形象的生命之泥，才是人生的意義所在。」

生命之泥，如何探知？

「眾生如同一團泥，本質都一樣，只是塑造成了不同的形象。」既然如此，無論是對待高高在上的富貴之人，還是卑賤如螻蟻的窮困之人，都應該一視同仁，慈悲對待。每個生命都有被尊重的權利，只有慈悲地看待平等的眾生，才能得到世界的公平與慈悲。

生命之泥，意義何在？

佛家平等地看待眾生，但眾生又著實存在著不平等的際遇。就如同樣是泥團捏成的泥猴便讓人玩弄，而泥佛卻可尊貴地享受人們的叩頭供奉。這樣的不平等，因何而成 —— 塑造。

是的，塑造，你的形象由你塑造，你的際遇由你塑造，你的命運由你塑造，這便是生命之泥的意義所在。

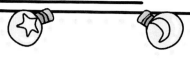

完美距離

「君子之交淡若水，小人之交甘如醴。君子淡以親，小人甘以絕。」

—— 莊子

一個女子在處理人際關係的問題上遇到了煩惱，特地來到寺廟尋求禪師的開導。

「我越來越不知如何與人相處了……有時明明很真誠地去關懷友人，噓寒問暖，好生照顧，而友人卻有意躲避。是否人與人的友誼總經不起時間的考驗，人在一起久了就會產生厭煩？」女子將茶杯捧在手裡一直沒喝，著急地向禪師訴苦。

「並非友誼經不起考驗，只因你未找到方法。」禪師緩緩道。

「方法？請大師賜教。」女子依然心急地問道。

禪師思考片刻，然後說道：「可以學學刺蝟。」

「刺蝟？滿身是刺，豈不是讓人無法靠近？」女子不解。

禪師搖搖頭，微笑道：「刺蝟，其實是喜歡群居的動物。天氣冷的時候，十幾隻刺蝟會住在同一個洞穴裡。最初，為了取暖，牠們本能地與同伴靠近，可一旦彼此接觸，在得到溫暖的同時也被對方身上的刺紮得疼痛，疼痛難耐，牠們無奈地只能遠離彼此。

「可是天氣實在太冷了，牠們無法控制地又一次靠在一起取暖，然而靠在一起時的刺痛使牠們不得不再度分開。就這樣反反覆覆分了又聚、聚了又分，刺蝟們不斷在受凍與受刺兩種痛苦之間掙扎。

「無數次嘗試之後，刺蝟們終於找出了一個完美距離，保持這個距

離，刺蝟們既可以感受到對方的溫暖，又不會被對方的利刺傷害。」

女子聽完，愁顏舒展，若有所悟：「大師之意是讓我像刺蝟一樣，找到一個既不讓對方難受、又能給對方溫暖的完美距離。」

禪師點頭笑道：「是的，找個完美距離。」

為人處世，君子相交，講究一個「淡」字。這「淡」，有時亦指距離。人際交往，需要完美的距離，近了，容易觸犯對方；遠了，彼此生疏冷淡。不管是泛泛之交、學習夥伴、工作同事還是患難之交、膩友知己、親密夫妻，不同的關係，決定了不同的距離。每段關係都要順其自然地遵循適度的距離，若牽強跨越，太親近，失了分寸，就會造成彼此的緊張和傷害。

完美距離能夠給雙方留出舒適的空間。人與人總有差異性，不同的個性會有不同的人際需求和交往方式，獨立、孤僻也好，親密、熱情也好，總有讓別人無法接受之處，這些多餘之處可以留給距離去吸收稀釋。有了這段恰當的距離作為緩衝，人與人之間便少些爭執、矛盾，多些和諧、溫暖。

沒什麼比自信更重要

「希望乃生命之靈魂，信心乃希望之泉源。」

—— 作者題記

一座山上有兩座廟宇：一處和二處。

兩座寺廟離得雖近，境況卻截然不同：一處終年香火不斷，佛香繚繞，二處卻冷冷清清。

二處的老和尚眼看廟裡的香客越來越少，香火越燒越薄，於是到一處看個究竟。

二處和尚一臉迷惘地看著一處和尚，說道：「論廟宇，那裡修得比你這裡要好；論誠意，我認真接待每位香客，沒有絲毫懈怠。為什麼我廟中的香客卻寥寥無幾呢？」

一處和尚笑而不答，起身續了一壺茶。接著，取出了平日給香客所用的佛籤，說道：「來，抽一籤！」

二處和尚猶豫了一下，認真地抽了一支說：「上籤。」

一處和尚看也沒看一眼籤上的內容，就說：「再抽一籤！」

二處和尚又抽，還是上籤。一處和尚把籤放到一旁，讓他繼續抽。二處和尚這次索性取了三支，一看，竟然全是上籤！

「難道……」二處和尚明白了其中的貓膩，隨後大怒，「你這不是愚弄香客嗎？」

一處和尚笑著搖搖頭：「並非愚弄，而是慈悲拯救。一支上籤，就一個希望，能給世人信心，讓其振作，試問，有什麼比人的自信更重要？」

沒什麼比人的自信更重要。

　　世人所以求神求籤，或者為情所困，或者為功名利祿所擾，心中迷茫，信心全無。一支上上籤，對失去自信而處於黑暗迷茫中的人來說，無異於一縷驅散黑暗與迷霧的佛光，它給脆弱的心靈注入有力的自信，帶給世人的是「人能全，事能圓」的堅定信念。一旦心靈之燈得以點亮，便可以掙脫紛擾，分辨是非，以足夠的信心和勇氣迎接生活。

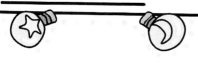

寬心處之

> 「處難處之事愈宜寬，處難處之人愈宜厚，處至急之事愈宜緩，處至大之事愈宜平。」

—— 李叔同

一個老和尚帶著一個小和尚在山間小路行走。突然間，從樹林裡躥出一條狼狗，狼狗停在小和尚身邊，用凶狠的眼睛瞪著小和尚，還張大嘴巴不停地向小和尚狂吼。

小和尚覺得莫名其妙，心想，「我又沒招惹你，你怎麼對我這麼無禮呢？」於是雙手合掌於胸前，輕聲念了一句：「阿彌陀佛！」

可誰知，這狼狗卻叫得更加凶狠了。小和尚不想與牠糾纏，便跨步從路旁繞開牠。奇怪的是，這狗纏上了小和尚，無論小和尚向左移還是像右移，狼狗都緊跟不放，而且還放開了嗓子狂吠。

小和尚失去了耐心，心煩意亂之下，撿起路邊的一根粗大的樹棍想教訓這條凶狠無禮的狼狗。

「你這樣做，又有何益呢？」老和尚開口阻止道。

「師父，您也看到了，這狗無理取鬧纏著我，我不教訓一下牠，牠是不會甘休的。」小和尚解釋說。

師父看了一眼腳下的狼狗，平和地對小和尚說：「牠不過是一條狗而已，你堂堂一個人，怎麼跟條狗打架呢？人和狗打架，結果不外乎有三種：人贏了，只能說明人比狗還狠毒；如果人輸了，那人豈不是連狗都不如；如果打平了，那人也不過和狗一樣。你如今要打這狗，你是想要哪一種結果呢？」

小和尚聽完，放下手中的棍子，慚愧地低下頭，又一次合掌念道：「阿彌陀佛。」

於是，師徒二人繼續行路，任憑狼狗緊跟於腳下狂吠，他們看也不看牠一眼，只是向著前方走去。這樣沒走多遠，這狼狗似乎也覺得無趣，便停止吼叫，向路邊的樹林裡跑去了。

人和狗打架，實在是件無奈之事。狗能咬人，但人不能和狗咬，如果和狗咬了，那就如老和尚所說的結果了。

生活中，人們不常常面對這樣的無奈嗎？像狼狗一樣凶狠霸道、蠻不講理，對我們亂吼亂咬的人不少，不幸遇上了這樣的人，我們實在難以壓制自己的怨氣、怒氣，可是不壓制，又能怎樣呢？難道和他計較、糾纏，一比高下嗎？如老和尚言，這樣做毫無意義。

無賴之人，有他們無賴的邏輯；無恥之人，總是堅持他們無恥的行為。若是與他們爭吵、糾纏，只會降低了自己的修養，而被他們的蠻橫無理所同化。因此，面對這樣的無奈，最好的方法就是放寬心，不去計較，不去糾纏，避而遠之。

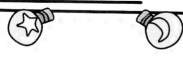

聆聽長者的智慧

「萬物價值，不以新舊衡量，老，可以是一種沉澱，我們要耐心學習其中的智慧。」

—— 作者題記

　　一位年邁的老村長帶領著漁村的村民日夜兼程，要把鹽運送到城鎮裡去交易，以換取過冬的糧食。

　　夜裡，他們在一片荒野露宿下來。星空燦爛，夜色迷人，大家圍著篝火坐成一圈，閒聊起來。突然，村長取出三塊鹽投入篝火中。

　　「這是為何？」小夥子們不解地問道。

　　「占卜山間天氣的變化⋯⋯這是流傳已久的老方法了，很靈驗的⋯⋯」

　　老村長話還沒說完，就豎起食指，對大家「噓」了一聲，然後將耳朵湊近那團火，靜靜聆聽。大家見狀，也立刻安靜下來。

　　聽了片刻，什麼聲音也聽不到。村長皺起眉頭，神情變得嚴肅，說道：「如果鹽塊在火中發出「劈哩啪啦」的聲響，那就是好天氣的預兆；若是毫無聲息，那就預示天氣即將變壞，風雨隨時會來臨。剛才什麼聲音也沒有，看來是不吉的氣象，我們明早要提前趕路啊。」

　　村長這麼一說，年輕的村民們立刻質疑，怎麼能憑這個斷定天氣狀況呢，這根本就是迷信嘛。

　　第二天天還沒亮，村長就把大家叫醒，催促著起程了。小夥子們拖著疲倦的身體，不停地抱怨村長。但抱怨歸抱怨，他們還是跟隨著大家一起趕路。走了大半天，終於在下午到達城鎮。就在他們剛把鹽賣出去的時

候，天氣驟變，狂風襲來，大雨傾盆而下。

原來還一直抱怨村長的小夥子們這才領悟到了長者的睿智。

其實，從科學的角度來解釋，老村長的經驗也是有據可循。鹽塊在火中是否發出聲音，與空氣中的溼度相關。當風雨欲來，空氣中溼度高，鹽塊受潮，投入火中自然喑啞無聲。

或許在年輕人看來，這位年邁的村長，其言行有些守舊，思想有些過時老套。可他畢竟閱歷深，見識廣，擁有較為豐富的人生經驗，在漫漫歲月的洗禮中，或多或少會沉澱下些許智慧。年輕人對於長者的話語，不該一味抵觸，漫不經心，而應該靜靜聆聽，去尋找其中的智慧。

沒有時間老

「其為人也，發奮忘食，樂以忘憂，不知老之將至。」

—— 孔子

佛光禪師的弟子大智，出外參學二十年後歸來，正在法堂裡向佛光禪師述說在外參學的種種見聞。佛光禪師始終面帶欣慰嘉勉的笑容傾聽著。

大智說完自己的見聞，最後關切地問佛光禪師：「老師，這些年來，您老一個人還好吧？」

「很好，很好！我日日講學、說法、著作、寫經，每天都能在法海裡泛遊，世上沒有比這更欣悅的生活了。每天我都忙得很快樂。」佛光禪師滿意地說。

「老師，您也應該多注意休息。」大智關切地說道。

此時，夜已深，佛光禪師對大智說道：「你休息吧，有話我們以後慢慢談。」

第二天一早，大智還在睡夢中，就隱隱聽到從佛光禪師的禪房傳出陣陣聲響。接下來一整天，佛光禪師不厭其煩地對一批批來禮佛的信徒開示，講說佛法，總是有忙不完的事。

大智跟隨著佛光禪師一整天了，好不容易等到佛光禪師休息的空隙，大智擔心地問佛光禪師：「老師，這二十年來，您每天的生活這麼忙碌，怎麼都不覺得您老了呢？」

佛光禪師笑道：「我沒有時間老呀！」

面對生命的消逝，凡人總是充滿了無奈，智者卻懂得珍惜光陰，善用

有限的生命，成就無限的智慧和功德。快樂並有成就感地度過每一天，才能領悟「沒有時間老」的真意。

人生無外乎三件事：工作、學習、生活。工作和學習是為了生活得更快樂，同時也在充實著生活。可多數人卻將工作和學習視為生活的負擔，每日都被工作、學習奴役著，其實，只要換個心態，開朗樂觀，積極主動，全心投入，那麼也定能在學習、工作中找到樂趣，沉浸在這樣的喜悅與成就感中，就會全然不知時光飛逝。誠如孔子說的「發奮忘食，樂以忘憂，不知老之將至」。這也正是為何世人有的很年輕，卻麻木困頓，心力衰退；有的年事已高，卻精神飽滿，老當益壯。

「沒有時間老」，實在是一種安然、樂觀的境界。持著這樣一種心境，摒棄雜念，專注其事，那麼，人生的幸福快樂就不會再受時間、年齡的限制。

多元視角

> 「生活，有如一面多棱鏡，從不同的角度，可以看到不同的景色，獲取不同的感悟。」
>
> —— 作者題記

一陣狂風暴雨，打破了蜘蛛的網。

雨後，被打落至地上的蜘蛛艱難地向牆上已經支離破碎的網爬去。由於牆壁溼滑，牠沒爬到一半就又摔回地上。蜘蛛一遍又一遍地努力嘗試著爬上去，卻又一次次地摔回起點……

一個路人看到這樣的情形，搖搖頭，長嘆道：「我的一生不正如這隻蜘蛛嗎？再怎麼拚命還是會回到原點，忙忙碌碌卻終究無所得。」

又有一個路人見了，說：「這隻蜘蛛真愚蠢，摔了這麼多次還不懂得從旁邊乾燥的地方繞一下爬上去？我以後可不能像牠那樣愚蠢。」

第三個人路過，看到蜘蛛百折不撓的努力，立刻被牠這種屢敗屢戰的精神感動了。

大千世界中的任一事物、任一現象給人的啟發不盡相同，單一表象的背後可能蘊含著多樣的意義。這就看我們如何去看待它，如何去詮釋它：愚者只會自怨自艾，智者卻會以此為鑑，反思自省，尋求超越。我們要做生活的智者，用多元的視角審視萬物的智慧。

可怕的麻痺

> 「生於憂患而死於安樂。」

—— 孟子

明朝作家劉元卿，其《賢奕編·警喻》中有一則題為〈猱〉的寓言：

「獸有猱，小而善緣，利爪。虎首癢，輒使猱爬搔之不休，成穴，虎殊快，不覺也。猱徐取其腦啖之，而汰其餘以奉虎曰：『吾偶有所獲腥，不敢私之，以獻左右。』虎曰：『忠哉猱也！愛我而忘其口腹。』啖已，又弗覺也。久而虎腦空，痛發，蹤猱。猱則已走避高木。虎跳踉大吼，乃死。」

這則寓言的大意是說：

猱是一種體形很小、長著鋒利爪子的小動物。老虎頭癢時，就命令猱爬到自己頭上去搔癢，猱抓個不停，搔得老虎飄飄欲仙。猱不住地搔，並在老虎的頭上挖了個洞，老虎因為太舒服而毫無察覺。

後來，猱把老虎頭上的洞越挖越深，直至將腦殼抓破，看到腦髓。猱悄悄地取出老虎的腦漿來吃，而且還將吃剩的腦髓用來奉獻給老虎說：「我偶然得到些美食，不敢私自享用，用來獻給您。」

糊塗的老虎完全不知那是自己的腦髓，還得意地說道：「猱對我最忠心了！愛我而忘了自己的口腹之欲。」

直到猱把老虎的腦漿掏空，老虎感到頭痛難忍，這才想到了平時將自己伺候得舒舒服服的猱，想到牠在自己頭上不停地抓，想到牠給自己送上的美食……老虎明白過來了，於是氣憤地到處尋找可惡的猱來報仇。可

是，猱這時卻已經爬到高高的樹上了。老虎只能憤怒地狂吼亂跳，可沒叫多久，便死去了。

「生於憂患，死於安樂」，在種種致命的「安樂」中，最可怕的，就是故事中小小的「猱」所使用的麻痺。

麻痺，對人的危害要遠遠嚴重於傷痛。身體的麻痺，如吸菸、酗酒……使肉體、神經都在一點點被腐蝕，這種自以為是的享受無異於慢性自殺，都在殘酷地加速著生命的終結；精神的麻痺，甜言蜜語、阿諛奉承、糖衣炮彈、虛名浮華……種種虛榮讓人自鳴得意、樂在其中，卻也讓人在欲望的泥潭裡泥足深陷，精神被掏空，無法理智清醒地思考，以至於置身險地而渾然不覺。

麻痺，最可怕之處就是給你錯覺，讓你無法清醒地分辨是非好壞，等你能夠清醒之時，卻已經追悔莫及。所以，無論何時，我們都該有一顆謹醒的心，分清黑白，辨清錯覺與真實，果斷地從麻痺中脫離出來。

生命是一個過程

> 「吾十有五而志於學，三十而立，四十而不惑，五十而知天命，六十而耳順，七十而從心所欲，不逾矩。」
>
> —— 孔子

一個孤獨的青年，衣衫襤褸，神情萎靡，靠在樹下有氣無力地打著哈欠，晒著太陽。

一個老人從這裡經過，問：「年輕人，天氣這麼好，你不去做事，在這裡哀聲嘆氣做什麼？」

年輕人長嘆一口氣說：「在這個世界上，除了我自己的軀殼外，我一無所有。我又何必費勁去做什麼事呢？每天晒晒我的軀殼，就是我所做的全部事情了。」

「你成家了嗎？」

「沒有。成家太麻煩，不如獨自一人落得清靜。」

「你有沒有喜歡的人呢？」

「沒有。相愛太痛苦，太傷情，愛過後是恨，聚過後是散，不如乾脆不去愛。」

「你是否有幾個人生知己？」

「沒有。君子之交淡如水，與其交往之後還會失去，不如乾脆不去結交。」

「那你整天就這樣晒太陽？也不去找點事情做？」

「工作不過是為了賺錢。錢賺得再多，到頭來不也是兩手空空而去。既然這樣，何必還要費那個勁？」

經此一番對話，老人最後無奈地拿出一根繩子遞給年輕人，說：「既然這樣，你把這根繩子拿去吧。」

年輕人感到很奇怪，問道：「我要這根繩子幹什麼？」

老人說：「拿去掛在樹上，然後自己上吊吧。照你的說法，什麼事情都是做了等於不做，既然這樣，人有生就有死，與其到最後免不了一死，還不如現在不要活了。」

生命是一個過程，結果怎樣，都是未知，但不能因為害怕結果帶來的失望就放棄了生活的希望。

不管是孔子所言的「十有五而志於學，三十而立，四十而不惑，五十而知天命，六十而耳順，七十而從心所欲，不逾矩」，還是故事中老人讓年輕人去經歷的成家、立業、交友、相愛……說的都是人生，人生的每個階段都是唯一，不可重複也不可替代，而每個階段，總是需要種種經歷和體驗來豐富，只有這樣，當我們走到生命的盡頭時，才會有所收穫，收穫滿滿的過程，收穫酸甜苦辣鹹五味俱全的人生。

鹹有鹹滋味，淡有淡滋味

「知足之人，雖臥地上，猶為安樂；不知足者，雖處天堂，亦不稱意。不知足者，雖富而貧；知足之人，雖貧而富。」

——《佛遺教經》

一日，夏丏尊先生去拜訪好友弘一法師。

兩人相談甚歡，不覺到了中午，弘一法師便招待夏丏尊先生用膳。然而，端上桌子的除了米飯，就是鹹菜，夏先生雖然生活一向簡樸，但看到這鹹菜實在難以下嚥，而弘一法師卻吃得津津有味，於是很不忍心地問道：「難道你不覺得這鹹菜太鹹嗎？」

弘一法師聽了，笑道：「鹹有鹹的味道！」

過了一會兒，用完齋，弘一法師捧上兩杯白開水，夏先生又皺皺眉頭道：「沒有茶葉嗎？你每天都喝這平淡的開水？」

弘一法師又是輕輕一笑：「開水雖淡，可淡也有淡的味道。」

弘一法師，即李叔同，生於官宦富商之家，後在多領域都有極深的造詣，是我國著名的書畫篆刻家、音樂家、戲劇家、教育家、詩人、學者。最終皈依佛門，英年早逝。

弘一法師的一生就是「鹹有鹹的味道，淡有淡的味道」的最好注腳。可以想像，生於富貴人家的他自然衣食無憂；可以想像，才華出眾的他必定有層層光環縈繞於身；卻很難想像，在掌聲最響亮之時，他會主動退出舞臺；更難以想像，繁華退去，他可以清心寡欲、戒律自持、安貧知足。

知足，是一種人生態度，知足，需要隨遇而安的心境。鹹也好，淡也好；甜也罷，苦也罷。生活就是如此，冷暖反覆，繁華與冷清都會走過，

鹹有鹹滋味，淡有淡滋味

無論何種際遇，無須耿耿於懷，隨遇而安就好，從容淡定地去品嘗其中鹹
淡滋味。難怪弘一法師說：「人生隨緣，便會活得自在。能夠安分守己，
不被環境所轉，心中就不會有障礙。」

過往人生

「人生如住店，隨緣而來，隨緣而去。」

—— 憨山大師

漆黑的夜裡，一位禪師獨自走在荒山野外。

夜光暗淡，禪師有些迷路了。不知走了多久，終於見到前方有一盞燈。定睛一看，原來是一戶人家。禪師高興地加快腳步，走到門前問道：「屋裡可否有人？老衲在山中迷路，能否在此借住一宿？」

「對不起，我這裡不是旅店，請另找他處。」主人沒開門，冷冷地拒絕了。

禪師卻哈哈大笑起來，說道：「真是糊塗呀……你這裡一直都是旅館，自己住了那麼久卻渾然不知，糊塗呀……」

大為不解的主人終於開門了，說：「我自己住了那麼久的房子，是不是旅館難道我不知道？你一個路人而已，何出此言？你若能證明我這裡是旅館，我便留你住一宿。」

禪師便問：「在你之前，是誰住在這裡？」

「家父！」

「那麼在令尊之前，誰又是這間屋子的主人？」

「我祖父！」

「如果施主過世，誰又會成為這間屋子的主人？」

「我兒子！」

禪師大笑著說：「哈哈，這不就對了！你也不過是暫時住在這裡面，

也像我一樣,大家都是旅客啊。」

主人一聽,也一同哈哈大笑起來,隨即將禪師請入屋內。

人生之路漫漫,每一個人都是匆匆過客。一路走來,大家萍水相逢,隨緣相聚,只要彼此你攙一下,我扶一把,腳下的路就會越走越寬廣。

因此,在人生的旅途中,我們每一個人都應真誠相待,與人為善,人與人之間的關係才會更加和諧;都應胸懷大度,寬厚待人,才會結識更多的朋友,從而使自己受益更多。

收穫，也在側目轉身處

「人生，如一段旅程；風景，不一定在前方，側目、轉身的一剎那所見，或許就很賞心悅目。做人，放下執念，可能會收穫更多。」

—— 作者題記

一位老和尚囑咐他的弟子每人去南山打一擔柴。

弟子們紛紛前去，行至離南山不遠處，一條河流擋住了去路，幸而河上有座獨木橋。就在弟子們準備渡河之時，突然間，滾滾山洪從山上奔瀉而下，將獨木橋一同捲入洪流。大家看得目瞪口呆，這下可好，今日無論如何也不可能渡河打柴了。沒辦法，只能空手回去見師父了。

無功而返，弟子們見到師父時不免有些垂頭喪氣。然而，有一個小和尚卻與師父坦然相對。

師父見狀就問：「打不到柴，你怎麼不覺得喪氣呢？」

小和尚從懷中掏出一個蘋果，遞給師父說：「過不了河自然有些失望，但意外地在河邊發現了一棵碩果累累的蘋果樹，沒帶回柴，卻收穫了蘋果。」

師父聽完，滿意地點點頭。

後來，這位小和尚成了老和尚的衣缽傳人。

採摘蘋果，算不上大智，但處身障礙且不可逾越時，能坦然接受現實，放下失落、沮喪，寬心處之，卻不能不說是一種慧心。只要有這樣一種慧心，就會以從容、坦然、樂觀的心態來生活，就會發現：收穫，也在側目轉身處。

活在當下

「人活著,就不要重複昨日的憂傷,也不該透支明日的煩惱,只活在今天就好。」

—— 作者題記

一天,佛陀剛用完午餐,就有一人前來拜訪。

來者是個商人,他千里迢迢而來,請求佛陀為他除惑解疑,指點方向。佛陀將其帶入一間安靜的小屋裡,耐心地聽商人訴說苦惱和疑惑。商人訴說了很久,這其中,有對往事的追悔,也有對將來的擔憂。

最後,佛陀示意他停下來,問他:「你可吃過午餐?」

商人點頭說:「已吃過。」

佛陀又問:「炊具和餐具可都收拾好了?」

商人忙說:「是啊,都已收拾得很好了。」

商人回答完,心中很是疑惑,於是又急切地問佛陀:「您怎麼只問我一些不相關的事呢?請您幫我想想我的問題,給我一個正確答案吧!」

佛陀微微一笑,說:「你的問題你自己已經回答過了。」

「回答過?我就只回答了關於午餐的問題啊。」商人更是不解。

「這還不夠嗎?人,只活在今天,不是應該想想今天的問題嗎?誰若對昨天的事念念不忘、追悔煩惱,對明天的事憂愁妄想,他將成為一棵枯草!」

商人這才恍悟。

活在今天,即活在當下。佛家言:飢來吃飯,睏來即眠。吃飯時好好吃飯,睡覺時好好睡覺,專注於眼前的每一件事,認真地完成,全心投

入，不被各種情緒牽絆。不要糾纏於昨天的不安與懊悔，更不要杞人憂天地擔憂未知的明天，走好今天的每一步，這就足夠了。

　　珍惜眼前，把握當下，每一個今天都會過得安然。

償還人生之債

「人生天地之間，若白駒過隙，忽然而已。」

—— 莊子

一個年輕人跳河自盡，被方丈及其弟子所救，幸而保住了性命。

這人從昏迷中醒來，謝過了救命恩人之後，卻說：「其實大師不必花費力氣救我，我已下定決心離開人世。即使今天死不成，明天我也還是要去了結的。」

方丈失望地嘆了口氣：「你要輕生，我確實阻止不了你。可是我想問問，你在世間欠下的債都還了嗎？」

聽到大師這樣問，年輕人大為不解：「我一生雖然家境貧寒，但溫飽尚可，並不曾借債。」

方丈緩緩開口：「你已欠下了一生的債，竟渾然不知？你的生命借自父母，你由出世之日起便欠下了父母的債；你的吃、穿、用均借自天地中的芸芸眾生，你欠下眾生的債；還有，你的知識和智慧借自老師，便欠下老師的債……諸如此類的債真是太多了，你都償還了嗎？」

年輕人被方丈步步逼問得無所適從，惶然說道：「如此說來，我已負債累累，可我一貧如洗，傾盡一生也無法償還，這又如何是好呢？」

方丈笑笑說：「這有何難？只兩字就足夠了。」

年輕人向大師叩首說道：「請大師指點。」

方丈又是輕輕一笑：「珍惜。」

「還債之說」實在很妙。人的一生，欠下許多的債：父母之債、妻兒之

債、師友之債……債，不是負擔，而是一種承擔、一份責任、一份感恩。人活著，要對自己的生命負起責任，不要遇上什麼困難就起輕生之念，以了結此生來逃避責任，如此，又怎麼對得起那些對自己恩重如山的人。

世間萬物，很多事情都可以重來，然而，每個人的一生就只有一次，一旦失去，便無法重來。人生百年，猶如一瞬。生命存在得如此短暫，消逝得如此之快，值得我們自己好好珍惜。珍惜自己在世上的每一刻時光，珍惜世間的每一份情誼，這，就是對人生之債最好的償還。

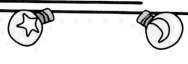

無心的妙用

「有意栽花花不開，無心插柳柳成蔭。」

—— 《增廣賢文》

尾關宗園禪師是日本當代著名的禪師，也是著名的演說家。他的著作《大安心》記載著自己的一次經歷。

一次，一個中學邀請尾關宗園禪師為學校學生演講，但並沒有約定演講題目和內容。禪師心想，大概和平常一樣，談一些教化的內容，加上他一直對自己的演講很有信心，於是便答應了。

演講當天，學校的老師開車來接他，坐在車上，他問老師：「請問今天演講的題目是什麼？」

老師說：「學校的畢業旅行準備參觀大仙院和市內的主要寺院，所以想請你對學生談談京都的歷史、古寺和名勝的由來。」

尾關宗園禪師聽了大吃一驚，自己從未做過這方面的演講，而且對於京都的歷史、古寺、名勝，自己見識淺薄，實在沒有什麼內容可以告訴學生。禪師一路上不禁緊張起來，手心出汗，身體一直發抖。

老師看他不知所措的樣子，笑著安慰道：「你不用想得太難的，只要放輕鬆就可以了。」

禪師仍然感到眼前一片迷濛，心裡還在不斷地想：「我究竟該說些什麼？」

很快，禪師來到了學校。他第一次在毫無準備的情形下上臺演講，因為太緊張，上階梯時，不小心絆了一跤。「這一跤真是讓自己大失顏

面。」禪師心裡埋怨道。此時，全場學生哄然大笑，可這一笑，卻使禪師釋然了，他心想：「這已經是最糟糕的事情了，再也不會有比摔跤更糟的事了。」

於是，他走到臺前開始自己的演講，他語氣從容地說：「說真的，臨時要我介紹京都的歷史、古寺、名勝的由來，真是太難了，所以，我在半途就好想逃回去。」學生又是一陣笑聲，這次不是輕視的笑了。

將心中的擔憂說出來，尾關宗園禪師完全釋然放鬆，於是熱情洋溢、滔滔不絕地完成了一次成功的演講。

尾關宗園在《大安心》中的這段回憶，給了這樣一個結論：

「因為時鐘的滴答聲而睡不著，心裡總是惦記著時鐘的聲音，這是一個缺乏安定感的自己。在不知不覺中睡著，而不在乎時鐘的聲音，就等於與它合而為一、變為一體了。」

心裡想著「要睡一個好覺」的人，往往容易失眠，禪師以此例作總結，無外乎是告訴我們，無論何事，都該持一顆平常心。平常心，換言之也就是「無心」，心中不牽掛，不羈絆，即可讓自己安定，如此才能以最放鬆的心情和最佳的狀態去做事。

禪師本來擔憂自己演講不好而緊張不已，過多的擔心卻失去了平常心，可當他在眾人面前摔了一跤，出了醜，出現了比原來擔心的事情更糟的局面，他反而釋然了。「最糟也就是這樣了，我還有什麼好擔心的呢？」沒有了擔心，沒有了害怕，以最本真、最放鬆的面貌來應對，便可得到最好的結果，這就是無心的妙用。

穿越命運的黑洞

「夫哀莫大於心死，而人死亦次之。」

—— 莊子

有一位軍閥，殘酷無情，人人皆知。

這位軍閥每次處決死刑犯時，都會給即將受刑的人兩個選擇：第一個選擇是一槍斃命，第二個選擇則是從左牆的一個黑洞進去，但至於黑洞裡面是什麼，軍閥從不提及，只是陰險地笑著告訴大家，「黑洞裡面命運未知。」

許多年來，軍閥處決過的所有犯人都無一例外地選擇一槍斃命而死，因為人人都不願進入那個不知裡面有什麼東西的黑洞。「在裡面，肯定死得更慘！」大家都是這麼想的。

一天，軍閥因為家有喜事十分開心，於是和士兵們喝酒慶祝，酒酣耳熱之後，軍閥身旁的一位士兵便大膽地問他：「大帥，您可不可以告訴我們，您給死刑犯的第二個選擇，那個黑洞裡面究竟是什麼，走進去會有什麼樣的結果，是不是死得很慘啊？」

「死得很慘？哈哈，真是可笑！黑洞裡面可是一條活路呀！只不過那條通道又黑又長，但走進黑洞的人只要經過一兩天的摸索便可以順利地逃生了，哈哈，我給他們活路，他們不要，敢死卻沒有膽子為自己選擇一條活路！哈哈，可笑呀……」

軍閥酒後吐真言，迷迷糊糊地，就把真相告訴了士兵。

死刑犯寧願一死都不願進入未知的黑洞，源於對未知的恐懼。就好像

很多選擇自殺的人一樣，他們不怕死，卻沒有膽量面對未知的未來。在未知的命運面前，他們設想了太多的恐懼。絕望，並非因為現實，而是因為自身的恐懼。其實，現實並非那麼可怕，未知的命運也並非如自己想像的那麼殘酷，至少沒有比死更殘酷的了。人，只要還活著，就應該給自己一線希望，期待一個奇蹟，創造一份美好。

人生最大的悲哀不是軀體的死亡，而是心志、思想的死亡。沒有了希望，沒有了追求，內心已無求生的欲望，這樣的一種絕望，往往比死亡更可怕。

面對未知，面對命運的黑洞，我們應該試著努力去穿越。

把握好每一次選擇

「來而不可失者，時也，蹈而不可失者，機也。」

—— 蘇東坡

幾個學生一同去向一位哲人請教人生的真諦。

哲人把他們帶到果林邊，這時正是果實成熟的季節，樹枝上沉甸甸地掛滿了果子。

「你們各人順著一行果樹，從林子這頭走到那頭，每人摘一枚自己認為最大最好的果子。不許走回頭路，不許做第二次選擇。」哲人吩咐說。

學生們出發了。在穿過果林的整個過程中，他們都十分認真地進行著選擇。等他們到達果林的另一端時，老師已在那裡等候著他們。

「你們是否都選擇到自己滿意的果子了？」哲人問。

學生們你看著我，我看著你，都不肯回答。

「怎麼啦？孩子們，你們對自己的選擇滿意嗎？」哲人再次問。

「老師，讓我再選擇一次吧！」一個學生請求說，「我走進果林時，就發現了一個很大很好的果子，但是，我還想找一個更大更好的，當我走到林子的盡頭後，才發現第一次看見的那枚果子就是最大最好的。」

另一個學生緊接著說：「我和師兄恰巧相反，我走進果林不久，就摘下一枚我認為是最大最好的果子。可是後來我發現，果林裡比我摘下的這枚更大更好的果子多的是。老師，請讓我也再選擇一次吧！」

「老師，讓我們都再選擇一次吧。」其他的學生一起請求。

哲人無奈地搖了搖頭：「孩子們，沒有第二次選擇，人生就是如此。」

「當取不取，過後莫悔。」機遇稍縱即逝。就像這幾個學生一樣，我們也會常常認為自己還有很多次機會，還能有許多選擇。然而，人生變幻莫測，誰又能確定，這選擇是不是還有第二次？

面對眼前的機會，我們總會去懷疑，去對比，瞻前顧後，患得患失，擔心它不是最好的，也擔心如果沒有更好的而錯過了它該怎麼辦，因而就在自己的猶豫不決中，錯失了機會。人生會有很多次選擇，但每一次選擇我們都必須慎重和珍視。只要認為是適合自己的，就勇於把握，不要與別人比較，更沒有必要擔心自己是否會錯失更好的，因為，沒人能夠肯定你現在選擇的就不是最好的。

拋開患得患失的心情，只要選擇適合自己的就足矣。只有這樣，才能將自己的價值放到最大。而一旦選擇了，就義無反顧，推開這扇門，前方會是另一番風景。

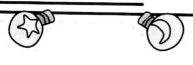

咀嚼人生之境界

「古今之成大事業、大學問者，必經過三種之境界：『昨夜西風凋碧樹。獨上高樓，望盡天涯路』。此第一境也。『衣帶漸寬終不悔，為伊消得人憔悴。』此第二境也。『眾裡尋他千百度，驀然回首，那人卻在，燈火闌珊處』。此第三境也。」

—— 王國維

一個成功的企業家在一個沿海小漁村裡旅遊時碰到了剛剛靠岸的一艘小漁船。船上只有一個漁夫，載著幾條大大的金槍魚。企業家見這位漁夫捕的魚品質好，於是很有興趣地上前與其攀談起來。

「你捕的這些魚，條條都這麼好，花了多少時間啊？」企業家問漁夫。

漁夫回答說：「沒花多少時間。」

企業家接著問：「既然不費多少時間和精力，那麼為什麼不多做一會兒，多捕一些魚呢？」

漁夫說：「這些魚足夠一家人吃的了。」

企業家又問道：「那你剩下的時間都做些什麼？」

漁夫說：「我會睡個好覺，釣釣魚，陪我的孩子們玩耍，陪陪我的妻子，每天晚上我都會到村子裡去，和朋友們吃吃飯，彈彈吉他。我的生活非常充實。」

企業家說：「你捕魚的品質和效率都那麼高，你應該花更多的時間捕魚，掙錢買一艘更大的漁船，用這艘漁船掙來的錢再買更多的漁船，這樣你就可以擁有一支船隊了。你不用再把自己打來的魚賣給中間商，而是直接賣給加工商，或者自己做批發零售。你可以離開這個小村子，到更大的

264

城市裡發展，讓公司的業務發展壯大。我在這方面很熟悉，如果你需要，我可以幫你。」

漁夫問道：「要做完你說的這些事情，得花費多少時間呢？」

企業家回答：「大約十五到二十年時間吧。」

「如果我做到了這些，之後又怎麼樣呢？」漁夫繼續問。

企業家笑了笑說：「到時候你就可以申請上市，向公眾出售公司的股份。你會成為富翁，擁有數百萬的財產。」

「數百萬……然後怎麼樣呢？」

企業家說：「然後你就可以退休了。你搬到海邊的一個小鎮上，可以一覺睡到下午，釣釣魚，陪孩子們玩耍，陪陪妻子，每晚上到鎮上和朋友們吃吃飯，彈彈吉他。」

漁夫回答說：「難道這些不是我現在就已經在做的事嗎？」

企業家無言以對。

不同的人生立場衍生出不同的生活態度，不同的人生態度成就不同的生活境界。

企業家「望盡天涯路」給漁夫設立高遠的目標，並教他如何孜孜以求地「衣帶漸寬終不悔，為伊消得人憔悴」，只不過「驀然回首，那人卻在，燈火闌珊處」，企業家教漁夫千辛萬苦追求的，就在眼前，這正是漁夫當下就享有的生活。

無論是企業家為人生設立遠大目標並艱辛追求，還是漁夫對人生境界的領悟貫通，都沒有對錯之分、優劣之別。

無論是遠大抱負，還是安貧樂道，不過是不同人生境界的體悟和不同生活方式的選擇罷了。無論何種人生境界，重要的是自己去咀嚼、體會。

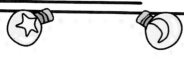

生活不能得過且過

「人生就像讀一本書，愚者走馬觀花地翻閱，智者卻細細品讀，因為他們懂得，這本書只能讀一遍。」

—— 保羅

一個著名的寺院裡新來了一位小和尚，寺院的住持為他舉行剃度儀式之後，給他安排了主要的職責 —— 每天早晚負責撞鐘。

得知自己的任務之後，小和尚很是興奮，這麼有趣又輕鬆的工作，真是再好不過了。於是他每天按照寺院的規定早晚各撞一次鐘。

剛開始幾天，小和尚還是興致勃勃，可是，才過了一個星期，他便感覺到撞鐘的工作太簡單、太枯燥無味了。「什麼時候才能去幹點別的活呢？整天這麼撞鐘，也太無趣了。」小和尚心裡開始犯起嘀咕。

又過了一段時間，小和尚開始變得慵懶起來。「反正做什麼都是過一天，比起其他師兄們劈柴打水的，自己的工作算是輕鬆的了，撞鐘、吃飯、睡覺，又過一天……」他心裡想著，日子就這麼過下去也不錯，過一天，算一天。

就這樣，半年過去了。一天，住持突然宣布要將小和尚調到後院去劈柴擔水，並嚴厲地指責小和尚「不能勝任撞鐘之職」。

小和尚很是納悶，不服氣地問住持：「住持師傅，難道我撞的鐘不準時？或是不夠洪亮？」

住持告訴他：「你撞的鐘非常準時，也很響亮，但鐘聲空乏、疲軟，沒有一點穿透力和感召力！因為你心中沒有理解撞鐘的意義。鐘聲不僅是寺裡作息的準繩，更為重要的是喚醒沉迷眾生。因此，鐘聲不僅要洪亮，

還要圓潤、渾厚、深沉、悠遠。一個人心中無鐘，即是無佛；如果不虔誠，又怎麼能擔任撞鐘之職？」

「當一天和尚，撞一天鐘──得過且過」，或許，這故事就是此句歇後語的來歷吧。

有心做事與無心做事，總是有區別的。這區別，或許自己感覺不到，但旁觀者清，一切都盡收眼底。

無心做事者，心態浮躁，只知按部就班，敷衍了事，結果總是馬馬虎虎，如同故事中小和尚所撞的鐘聲：空乏、疲軟。而有心做事者，踏實沉穩，積極主動，全心投入，哪怕是枝微末節也會做得盡善盡美，他們把個人的魅力與創造性都滲入了所做之事中，其結果，總能引起別人關注，讓人由衷讚嘆。是的，無心做事還是有心做事，直接決定了你的平庸還是卓越。

人生短暫，過一天，少一天，為何不認認真真地過每一天，讓每一天都有所獲呢？讓自己多一點熱心、誠心、責任心、進取心去做好每一件事吧！因為，用心做事不僅是一種方法、一種態度，更是我們走向成功的必要條件。

超越閒名

「禪的魅力，在於能夠超越，超越繁雜塵世間的種種困擾，掠去浮華與虛名，得到本真與回歸……」

—— 作者題記

　　洞山禪師感覺自己即將離開人世，便告訴了自己的弟子。弟子將此消息一傳，引得許多人前來給禪師送行。

　　面對眾人難過的表情，洞山禪師卻滿臉洋溢著從容的微笑，沒有一點即將逝去的哀愁。他看著滿院的僧眾，大聲說：「我在世間沾了一點閒名，如今軀殼即將散壞，閒名也該去除。你們之中有誰能夠替我去除閒名？」

　　聽到禪師這麼說，大家心中都難過不已，不知如何是好，寺院裡陷入了一片寂靜。

　　忽然，一個新來的小和尚走到禪師面前，恭敬地頂禮之後，高聲問道：「請問大師的法號是什麼？」

　　話剛一出口，眾人都向他投去埋怨的目光。「簡直太無尊長了，這個時候竟然問這樣的問題，真是對禪師不敬。」有人忍不住小聲斥責道。也有人埋怨小沙彌無知，大家氣憤地議論紛紛，寺院裡一下子變得鬧哄哄的。

　　洞山禪師聽了小和尚的問話，大聲笑道：「好啊！問得好啊！現在我已沒有閒名了，還是小和尚聰明呀！」

　　說完，禪師坐下來將雙手合於胸前，漸漸閉起雙眼，就這樣安然地離去了。

　　看到禪師離去，小和尚眼中的淚水再也止不住流了下來。

送走禪師，在場的眾人立刻將小和尚圍了起來，責問道：「真是豈有此理！連洞山禪師的法號都不知道，你到這裡來幹什麼？」

小和尚看著周圍的人，無可奈何地說：「他是我的師父，他的法號我豈會不知？」

「那你為什麼要那樣問呢？」

「我那樣做就是為了去除師父的閒名！」小和尚大聲說道。

眾人這才醒悟。

洞山禪師的「閒名」指的是什麼呢？表面看來，似乎是他的法號名稱，其實是他在世間的名聲、修為。洞山禪師要除去閒名，一則為了教化弟子們看空名利以專心修行；二則他已尋得心靈的解脫，得到本真與回歸。

的確，閒名終究是虛的，生不帶來，死不帶去。我們可以學學禪師的超脫，捨棄塵想與貪欲，超越世俗之思、名利之念，回歸本真，如此，便可處得安然自在。

微笑在我心

「天地不可一日無和氣，人心不可一日無喜神。」

—— 《菜根譚》

心明禪師，雖然雙目失明，但他臉上常年掛著祥和的微笑，這讓看到他的人如沐春風。

一天，心明禪師正坐在寺院的石凳上晒太陽，有一位路人看到他一副笑咪咪安然自在的樣子，就問他：「您笑什麼呢？」

「笑這明媚溫暖的陽光！」心明禪師隨口答道。

一天，陰雨連綿，心明禪師坐在禪房裡參禪，一位前來上香的居士看到他笑咪咪、一派恬然的樣子，就問他：「您笑什麼呢？」

「笑這潤物無聲、金貴如油的春雨！」心明禪師順口答道。

一天，寺院裡遊人稀少、冷冷清清，心明禪師在寺院裡悠閒漫步。有一位前來掛單的雲水僧看到他笑咪咪的舒適的樣子，就問他：「您笑什麼呢？」

「笑那高山流水、鳥語花香！」心明禪師順口答道。

又一天，心明禪師坐在一棵大樹下打盹，有一位女施主看他打盹的時候還笑咪咪的享受的樣子，就問他：「您笑什麼呢？」

「笑你看我時怪怪的表情，笑我又將有個美麗的夢！」心明禪師順口答道。

笑，是世上多麼美麗的一道風景！笑這明媚溫暖的陽光，笑這潤物無聲、金貴如油的春雨，笑那高山流水、鳥語花香……心明禪師內心祥和，

故能時常微笑。

　　世人總是習慣給笑限制太多的條件，其實，笑根本不需要什麼理由，因為，人活著，就是一件值得真心微笑的事情。笑是發自內心的，只要我們熱愛生活、樂觀開朗、豁達大度，常懷一顆感恩的心，便可將微笑存於心中。

禪的魅力

「常懷一顆慈悲心，講些禪話，聽些禪音，做些禪事，用些禪心，你就能成為有魅力的人。」

—— 無德禪師

有一位高貴的婦人，擁有財富、地位、能力、權力以及美麗的外表，然而她卻總是鬱鬱寡歡，因為她總是一副冷酷高傲的外表，別人對她總是敬而遠之，她連個談心的人也沒有。為此，婦人很是苦悶，便去請教著名的無德禪師。

「禪師，如何才能使自己具有魅力，贏得別人的喜愛？」婦人問禪師。

無德禪師告訴她道：「這個不難，你若能隨時隨地與各種人合作，並具有和佛一樣的慈悲胸懷，講些禪話，聽些禪音，做些禪事，用些禪心，那你就能成為有魅力的人。」

「禪話怎麼講呢？」婦人不解。

無德禪師道：「禪話，就是說歡喜的話，說真實的話，說謙虛的話，說利人的話。」

「禪音怎麼聽呢？」婦人又問。

「禪音就是化一切聲音為微妙的音聲，把辱罵的聲音轉為慈悲的聲音，把譭謗的聲音轉為幫助的聲音，哭聲鬧聲，粗聲醜聲，你都能不介意，那就是禪音了。」

女施主聽完，覺得有所啟發，繼續問道：「禪事怎麼做呢？禪心又怎麼解呢？」

「禪事就是布施的事，慈善的事，服務的事，合乎佛法的事；禪心就

是你我一如的心，聖凡一致的心，包容一切的心，普利一切的心。」無德禪師耐心地一一道來。

女施主聽後，一改從前的驕氣，不再於人前誇耀自己的財富，不再自恃美麗，而是對人謙恭有禮，對眷屬體恤關懷，一段時間後，她竟然在當地出了名，成為一個受眾人歡迎和愛戴的人。

說禪話，聽禪音，做禪事，用禪心 —— 這就是禪的魅力所在。歸根結底，禪的魅力在於一個「愛」字。有愛，有慈悲，便可不嫉妒，不自誇，不張狂，不欺人，不怨恨，不險惡，便可凡事包容，凡事相信，凡事盼望，凡事忍耐。愛可以溫暖別人，也可以溫暖自己。

品茗，品人生

「風雨過後的彩虹才是最美麗的。人生之路並非坦途，遭遇挫折並不可怕，只有歷經挫折，人生才會更加精彩。」

—— 作者題記

一個屢屢失意的中年男子千里迢迢來到了普濟寺，慕名尋到了老僧釋圓。中年男子沮喪地對釋圓說：「人說三十而立，四十不惑，可我如今已到了這樣年紀，卻還屢屢失意，活著也是苟且，我的人生很沒意義！」

釋圓靜靜聽著這位中年男子的嘆息和絮叨，也不理會他，只是吩咐小和尚說：「施主遠道而來，燒一壺溫水送過來。」小和尚諾諾著去了。

沒過一會兒，小和尚送來了一壺溫水，釋圓老僧抓了一把茶葉放進杯子裡，然後用溫水沏了，放在男子面前的茶几上，微微一笑說：「施主，請用些茶。」

男子俯首看看杯子，只見杯子裡微微地嫋出幾縷水氣，那些茶葉靜靜地浮著。

男子不解地詢問釋圓：「貴寺怎麼用溫水沖茶？」

釋圓微笑不答，只說：「施主請用茶吧。」

男子只好端起杯子，輕輕呷了兩口。

釋圓說：「請問施主，這茶可香？」

男子又呷了兩口，細細品了又品，搖搖頭說：「這是什麼茶？一點兒茶香也沒有呀。」

釋圓笑笑說：「這是閩浙名茶鐵觀音啊，怎麼會沒有茶香？」

男子聽說是上乘的鐵觀音，又忙端起杯子吹開浮著的茶葉呷了兩口，

又再三細細品味，還是放下杯子肯定地說：「真的沒有一絲茶香。」

老僧釋圓微微一笑，吩咐小和尚說：「再去膳房燒一壺沸水送過來。」小和尚又諾諾著去了。

又過一會兒，小和尚便提來一壺壺嘴吱吱吐著濃濃白氣的沸水，釋圓起身，又取了一個杯子，撮了把茶葉放進去，稍稍朝杯子裡注些沸水。男子俯首去看杯中的茶，只見那些茶葉在杯子裡上上下下地沉浮。隨著茶葉的沉浮，一絲細微的清香從杯子裡溢了出來。

聞著那清清的茶香，年輕人禁不住去端那杯子，釋圓微微一笑說：「施主稍候。」說著便提起水壺朝杯子裡又注了一縷沸水。

男子再俯首看杯子，見那些茶葉翻騰得更劇烈了。同時，一縷更醇、更醉人的茶香嫋嫋地升騰出杯子，在禪房裡輕輕地彌漫著。釋圓注了五次水，杯子終於滿了，那綠綠的一杯水，沁得滿屋子津津生香。

釋圓笑著問道：「施主可知道同是鐵觀音，卻為什麼茶味迥異嗎？」

男子思考片刻，說：「一杯用溫水沖沏，一杯用沸水沖沏，用水不同吧。」

釋圓笑笑說：「用水不同，則茶葉的沉浮就不同。用溫水沏的茶，茶葉就輕輕地浮在水上，沒有沉浮，茶葉怎麼會散逸它的清香呢？而用沸水沖沏的茶，沖沏了一次又一次，茶葉沉了又浮，浮了又沉，沉沉浮浮，茶葉就釋放出了它春雨的清幽、夏陽的熾烈、秋風的醇厚、冬霜的清冽。那些不經風雨的人，就像溫水沏的茶葉，只在生活表面漂浮，根本浸泡不出生命的芳香；而那些櫛風沐雨的人，如被沸水沖沏的釅茶，在滄桑歲月裡幾度沉浮，才有那沁人的清香。」

男子豁然開朗。

茶葉因為有了沸水的沖泡而在沉沉浮浮中釋放出悠久的清香，生命也只有在遭遇一次次挫折後變得更加充實而有收穫，才能留下人生的幽

香……是的，品茶，亦在品人生。浮浮沉沉之後，總會有些昇華，有些沉澱。昇華的，是如茶香般沁人心脾的淡泊、寧靜與清雅；沉澱的，是我們柔韌的意志、深厚的思想以及成熟的心智。

　　持一種平和的心境，備一壺滾燙的清水，沏一杯清香悠久的茶，我們自然就可品味這自然愜意、純淨恬淡的人生。

順勢而為，萬事隨緣

「安時而處順，哀樂不能入也。」

—— 莊子

有個小和尚看到禪院的草地上一片枯黃，便對師父說：「師父，我們快快撒點草籽吧！這草都快死了，草地太難看了。」

師父說：「不著急，什麼時候有空了，我去買一些草籽。什麼時候都能撒，急什麼呢？隨時！」

中秋的時候，師父把草籽買回來了，給了小和尚，說：「去吧，把草籽撒在地上。」小和尚高興極了，心想，「草籽撒上了，地上就能長出綠油油的青草了！」

然而，正當小和尚撒草籽的時候，突然起風了。小和尚一邊撒，草籽一邊飄。「不好了，好多草籽都被吹飛了！」小和尚喊道。

師父說：「沒關係，吹走的多半是空的，撒下去也發不了芽，擔心什麼呢？隨性！」

草籽撒上了，飛來了許多麻雀，在地上專挑飽滿的草籽吃，小和尚看見了，驚惶地說：「不好了，草籽都被小鳥吃了。這下完了，明年這片地就沒有小草了！」

師父說：「沒關係！小鳥吃不完的！你就放心吧！明年這裡一定還會有小草的，隨意！」

夜裡下起了大雨，雨好大，整晚都下個不停，小和尚一直不能入睡，他擔心草籽被沖走了。

順勢而為，萬事隨緣

　　第二天早上，小和尚早早就起身跑出了禪房，地上的草籽果然不見了。於是他馬上跑進師父的禪房說：「師父，昨夜一場大雨把地上的草籽全都沖走了，怎麼辦呀？」

　　師父不慌不忙地說：「不用著急，草籽被沖到哪裡它就會在哪裡發芽。隨緣！」

　　過了一些日子，許多青翠的草苗破土而出，原來沒有撒到的一些角落裡居然也長出了許多青翠的小苗。

　　小和尚高興地對師父說：「師父，太好了，我種的草長出來了！」師父點點頭說：「隨喜！」

　　萬事萬物皆有其發展規律，很多事情是無法強求的，既然強求不了，過多的憂慮也是無益，唯有耐心而平和，順其自然，順時應勢，才能安寧恬靜，悠然自在。

你的心，也要點一盞「光明燈」：

世俗價值綑綁、名利欲望追逐、嗔怒怨恨滿懷……不用真的出家修佛，一本就能帶給你平靜生活！

編　　著：秦搏

發 行 人：黃振庭

出 版 者：崧燁文化事業有限公司

發 行 者：崧燁文化事業有限公司

E-mail：sonbookservice@gmail.com

粉 絲 頁：https://www.facebook.com/
　　　　　sonbookss/

網　　址：https://sonbook.net/

地　　址：台北市中正區重慶南路一段六十一號八
　　　　　樓 815 室

Rm. 815, 8F., No.61, Sec. 1, Chongqing S. Rd.,
Zhongzheng Dist., Taipei City 100, Taiwan

電　　話：(02)2370-3310

傳　　真：(02)2388-1990

印　　刷：京峯彩色印刷有限公司（京峰數位）

律師顧問：廣華律師事務所 張珮琦律師

國家圖書館出版品預行編目資料

你的心，也要點一盞「光明燈」：
世俗價值綑綁、名利欲望追逐、嗔
怒怨恨滿懷……不用真的出家修
佛，一本就能帶給你平靜生活！ /
秦搏編著 . -- 第一版 . -- 臺北市：
崧燁文化事業有限公司 , 2023.05
　面；　公分
POD 版
ISBN 978-626-357-345-1(平裝)
1.CST: 佛教修持 2.CST: 生活指導
225.87　112006251

定　　價：375 元

發行日期：2023 年 05 月第一版

◎本書以 POD 印製

電子書購買

臉書